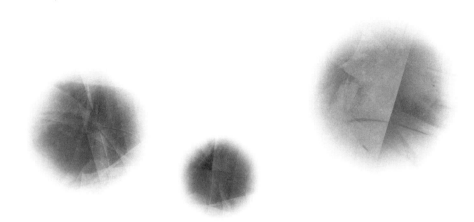

障害児教育福祉の地域史
名古屋・愛知を対象に

小川英彦 著
Ogawa Hidehiko

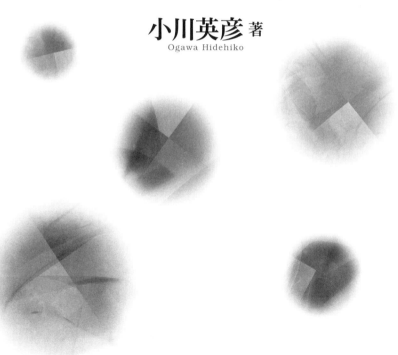

三学出版

まえがき

　筆者は、三学出版より『障害児教育福祉の歴史－先駆的実践者の検証－』（2014年）を、『障害児教育福祉史の記録－アーカイブスの活用へ－』（2016年）を刊行した。

　前書は、障害児の教育と福祉分野における人物史研究として位置づく。明治期から昭和期にかけてより広範な時期を対象にして、各々の実践が生み出される社会背景や成立要因、実践の根本的な思想を明らかにしようとした。

　後書は、教育と福祉と医療などの分野で重要と考えられる資料の発掘、整理、保存の作業を試みながら、後世に伝えることを目的とした。知的障害児を念頭に置いて前書では所収できなかったいくつかの論稿をまとめてみた。

　両書ともその書名からして、「教育福祉」が研究を進める上での第一のキーワードになっている。これは筆者が若い頃であったが社会教育学者の小川利夫先生（元名古屋大学教授）より、教育と福祉の谷間における諸問題を研究対象にするようにという教えが契機となっているからである。そして、教育福祉史の「歴史」という第二のキーワードにいたっては恩師の田中勝文先生（元愛知教育大学教授）より直接指導があったからである。

　本書では、これら上記の2冊の続編ということから、『障害児教育福祉の地域史－名古屋・愛知を対象に－』という書名にした。「地域」が今回の重要なキーワードになっている。

　障害児に関わるこの研究分野の第一人者である津曲裕次先生（元筑波大学教授）は、『精神薄弱問題史概説』の中で、1960年代以降において研究が着手され「今後の日本精神薄弱教育通史は、かかる地方史研究の成果を学ぶことなしにはその全体像を明らかにすることはできない」と

指摘し、先行関連研究をまとめている。

　本書では、地域について歴史学者の上原専禄先生の提起に学びつつ、人間の生活を単位とする地域を考えている。つまり、そのエリアにおいて生きるに値する、自分たちこそが主体である、主人公であると地域を理解していくことである。障害児の発達を支援するとは、子どもや保護者といった個への支援だけをさしているのではない。その個を取り巻く集団で構成されている地域との関係、環境との相互関係で支援することになる。たとえ障害があろうとも集団の中で生き生きできるようにしていくことが発達に繋がることは自明である。さらに、今日的にはＷＨＯ（世界保健機関）が提唱しているＩＣＦモデル図からの障害を環境因子との関係で理解する視点は一般化してきている。

　今日の障害児の教育と福祉の現実をみるとき、地域を単に行政区画としての都道府県、市町村としてではなく、背後にある生活様式、文化、経済など、要するに地域の総体が関係していると捉えることができるのではなかろうか。そして、時系列からして、過去の地域の総体が現在に影響している、未来に影響していくことは明らかである。日本地域福祉学会地域福祉史研究会も「地域福祉は、地域社会の現実をふまえて、その文化や特性にねざしたものとしての発展が求められる」という基本的な視座を提起している。ここに、地域史研究の意義が見いだせる。

　ところで、今筆者書斎にある手元の書物でこの研究分野についての文献（論文は除く）をまとめると下記になる。教育史全体を範疇とする書物は調査対象外としている。ここでは障害児の教育に関する研究分野を中心に扱った。福祉に関する研究分野の調査は課題となっている。

　〇群馬県精薄教育史編纂委員会『群馬県精神薄弱教育史』（1965 年）

　〇東京都『東京の特殊教育』（1967 年）

　〇精神薄弱問題史研究会『精神薄弱問題史研究紀要』第 5 号（1967 年）

　〇東京精神薄弱教育史研究会『東京の精神薄弱教育－戦後のあゆみ－』

（1971 年）

○戦後の埼玉県精神薄弱教育史編集委員会『戦後の埼玉県精神薄弱教
育史』（1971 年）

○山口県教育委員会・山口県特殊教育連盟『山口県特殊教育沿革史』
（1971 年）

○藤村文雄『岐阜県西濃地区特殊教育史』（1974 年）

○岐阜県障害児教育資料センター『岐阜県障害児教育の歩み』（1975
年）

○海野昇雄『福島県特殊教育史』（1975 年）

○平田永哲・大城正大『戦後沖縄の精神薄弱教育の歩み』（1976 年）

○八坂信男『大分県特殊教育史』（1977 年）

○千葉県特殊教育研究連盟『千葉県特殊教育二十周年史』（1977 年）

○特殊教育百年北海道記念会『北海道の特殊教育』（1978 年）

○杉浦守邦『山形県特殊教育史』（1978 年）

○鳥取県特殊教育百年事業実行委員会『鳥取県特殊教育の歩み』（1978
年）

○宮崎県特殊教育百年記念編集委員会『宮崎県特殊教育史』（1979 年）

○山口県特殊教育連盟『山口の特殊教育』（1979 年）

○長野県特殊教育百年記念事業会『長野県特殊教育史』（1979 年）

○石川県特殊教育百年史編さん委員会『石川県特殊教育百年史』（1981
年）

○東京精神薄弱教育史研究会『東京の精神薄弱教育―戦後のあゆみ―』
（1981 年）

○沖縄の特殊教育史編集委員会『沖縄の特殊教育史』（1983 年）

○横浜市教育委員会『横浜市の特殊学級教育 30 年史』（1986 年）

○特殊教育百年記念埼玉県心身障害児教育振興会『さくら草』（1986
年）

○藤波高『とり残された子らの京都の教育史』(1989 年)

○富岡達夫『東京の知能遅滞児教育史（戦前編）序説』(1994 年)

○藤村文雄『岐阜県障害児教育人物史』(1995 年)

○岩手県障害児教育史研究会『岩手の障害児教育史』(1996 年)

○北野与一『障害教育・福祉の源流』(1997 年)

○茨城県特殊教育研究連盟『茨城の特殊教育 50 年のあゆみ』(1998 年)

○富岡達夫『東京の知的障害児教育概説（戦後創設期編)』(2001 年)

○安藤房治『青森県障害児教育史』(2017 年)

以上の書物からして、研究が約 25 の地域が着手されていること、その多くは 1970 年代から 1980 年代にかけて刊行されていることが明らかである。

なお、名古屋・愛知を対象にした書物については下記のものがあげられる。

○愛知県特殊教育研究協議会『愛知特殊教育 10 年のあゆみ』(1966 年)

○愛知県特殊教育の歩み編集委員会『愛知県特殊教育の歩み』(1977 年)

○愛知県特殊教育推進連盟『愛知県特殊教育のあゆみ－養護学校教育の義務制以降－』(1989 年)

上記 3 冊を概論的位置づけとするならば、本書は各論的位置づけとでも称することができよう。学校、施設、教育委員会や市町の行政機関の資料室、公文書館、公立図書館、大学附属図書館などに保存されている資料を発掘している点で大きな相違がある。本書が先に掲げた全国的な地域史の書物の一端になれば幸いである。

これまでに筆者が学会誌や研究紀要等で発表してきた研究論文が基になっているので、巻末の初出一覧にその所収をまとめておいた。今回の刊行にあたっては、初出の論述を若干の修正はしたものの、けっこうそのまま利用していることを断っておきたい。

さらに、精神薄弱等の用語をその時代に使われていたものとして、当時の表記の仕方を基本として使用している。ご理解いただきたい。

　最後に本書においては名古屋・愛知の障害児教育福祉史の一部が明らかになったに過ぎない。よって、今後の継続研究、特に通史をまとめることに力を注ぎたいと考えている。この研究分野の発展にほんの少しでも寄与できればと願うばかりである。

文献

・小川利夫、土井洋一『教育と福祉の理論』、1978 年、一粒社。

・田中勝文「教育福祉」(磯辺実、一柳豊勝、西原新一、吉田宏岳監修『社会福祉学概論』、pp.216 〜 224、1981 年、中央法規出版)。

・津曲裕次『精神薄弱問題史概説』、1980 年、川島書店。

・川合章『子どもの発達と教育－学校・地域・家庭－』、1975 年、青木書店。

・日本地域福祉学会地域福祉史研究会『地域福祉史序説－地域福祉の形成と展開－』、1993 年、中央法規出版。

著者　　小川　英彦

目　次

まえがき iii

第1章　名古屋・愛知の教育福祉史研究の動向
－第I期　1950年代から90年代までを対象に－ ·····1

第1節　はじめに　2

第2節　先行関連研究の一覧　3

第3節　先行関連研究のまとめ　6

第4節　おわりに　7

第2章　大正後期における名古屋市個別学級の成立 ·······9

第1節　はじめに　10

第2節　「個別学級」の開設学校　11

第3節　「個別学級」の成立要因・背景　13

　(1) 教育測定・知能測定運動との関係　14

　(2) 就学率の向上　15

　(3) 貧困問題との関係　16

　(4) 先行する実践の導入　17

　(5)「個別学級」の伝統校への設置と学校全体の取り組み　17

第4節　「個別学級」の編成と対象児の把握方法　18

　(1) 学科試験(読方科と算術科)の実施　18

　(2) 知能検査の実施　20

　(3) 身体状況　22

　(4) 遺伝歴・生育歴　23

　(5) 保護者の学歴、生活水準　24

第5節　「個別学級」の教育の実際　25

　(1)「個別学級」の教育目的　25

　(2) 教科目について　25

　(3) 教育方法について　28

　　◎教授の分野にて　28

　　◎訓育の分野にて　30

◎養護の分野にて　30

　第6節　おわりに　31

第3章　大正末期における愛知県児童研究所の役割 ・・・・・・・41

　第1節　はじめに　42

　第2節　児童研究所の地域に果たした役割　44

　(1) 愛知学園の概要　44

　(2) 児童研究所の運営　45

　第3節　おわりに　49

第4章　愛知県児童研究所紀要にみられる障害児記録 ・・・・・・・51

　第1節　はじめに　52

　第2節　研究所設立時の全国的な背景　52

　第3節　児童研究所紀要 (目次) にみられる障害児記録の位置づけ　53

　第4節　障害児の記録　56

　第5節　研究所の主な沿革　60

　第6節　おわりに　62

第5章　戦後初期における名古屋市精神薄弱児学級の成立・・・ 65

　第1節　はじめに　66

　第2節　旭白壁小の「福祉教室」での取り組み　67

　(1) 精神薄弱児教育への胎動　67

　(2)「福祉教室」の開級　68

　(3)「福祉教室」での実践　69

　(4)「福祉教室」のかかえた問題　74

　第3節　菊井中の「福祉学級」での取り組み　74

　(1) 長欠児の中から精神薄弱児の発見　74

　(2)「福祉学級」の開級　75

　(3)「福祉学級」での実践　77

　(4)「福祉学級」の抱えた問題　81

　第4節　幅下小の「ゆり組」での取り組み　82

　(1) 学校内外での精神薄弱児教育に対する気運の高まり　82

　(2)「ゆり組」の開級　83

　　　　(3)「ゆり組」での実践　84

　　　　(4)「ゆり組」の抱えた問題　88

　　第5節　おわりに　88

第6章　障害児教育福祉実践の意義‥‥‥‥‥‥‥‥‥‥‥‥95

　　第1節　はじめに　96

　　第2節　「個別学級」の成立過程　98

　　第3節　愛知学園及び愛知県児童研究所の設立経緯と知的障害問題　101

　　第4節　「八事少年寮」の成立過程

　　　　　　―杉田直樹の治療教育思想の形成の中で―　102

　　第5節　戦後初期の精神薄弱児学級の成立要因

　　　　　　―戦前との連続性の中で―　104

　　第6節　おわりに　108

第7章　名古屋・愛知における教育福祉史文献目録‥‥‥‥113

　　第1節　はじめに　114

　　第2節　本文献目録で対象とする史料・資料　114

　　第3節　史料・資料の一覧　115

　　　　(1) 行政関係物　115

　　　　(2) 施設、学校などの機関からの刊行関係物　117

　　　　(3) 教育会、委員会、協会、研究所などの関係物　118

　　　　(4) 当時に書かれた論文、文献　120

　　　　(5) 名古屋・愛知を対象とした報告された歴史研究論文、文献　121

　　第4節　おわりに　123

第8章　名古屋・愛知における障害児・養護児教育福祉年表

　　　　　－１９４５年から１９５９年までを対象に－‥‥‥129

　　第1節　年表作成の意義　130

　　第2節　年表　131

　　第3節　付記・参考文献　134

あとがき　136
初出一覧　138
事項・人名索引　139

第1章　名古屋・愛知の教育福祉史研究の動向
－　第Ⅰ期　1950年代から90年代までを対象に　－

第1節　はじめに

　障害者問題史研究文献の分類法について、精神薄弱問題史研究会 (1981年) は、①創設者などの保護・教育思想、②対象者、③従事者、④財政・経営、⑤建築計画、⑥保護・教育方法、⑦地域社会との関係、⑧行政・政策という8つの資料の整理・分析視点を提起している[1]。この①から⑧の分析視点で整理された史実を相互に関係づけ、総合化する作業が障害者問題史研究をさらに進展させる方法であると指摘している。

　また、障害児教育学研究会 (1988年) は、Ⅰ. 総記、Ⅱ. 障害者問題生活史・処遇史、Ⅲ. 障害者教育史・福祉史、Ⅳ. 障害者教育福祉制度史・政策史、Ⅴ. 障害児学校史・施設史、Ⅵ. 障害児教育方法史・指導法・実践史、Ⅶ. 障害者運動史・教育運動史、Ⅷ. 障害者教育理論史・学説史、Ⅸ. 障害者教育福祉思想史・人物史という分類法を提起している[2]。そして、本書のような地域史研究はこれら9つの分類の中で、Ⅲの障害者教育史・福祉史に属するとしている。

　この章においては、上記の両研究会で指摘された分析項目をベースにして、名古屋・愛知の教育福祉史研究の動向をまとめることを目的とする。①いつごろから研究が開始され、どのくらい量的に蓄積されているかを調べる。②どの分野が着手されているのか、未着手なのかといった傾向を明らかにする。③史料・資料はどのあたりが利用されているかを明らかにする。ここでは、1990年代に筆者の研究が開始されることから、それ以前の研究の蓄積を整理することになる。ただ、これらの研究では直接障害児を対象にしないものも含むことを断っておきたい。

第1章　名古屋・愛知の教育福祉史研究の動向　3

第2節　先行関連研究の一覧

表1　名古屋・愛知の教育福祉史研究

	執筆年	著者・論文名	所収紀要	研究の概要
①	1956	吉田宏岳「児童福祉施設の発達（愛知育児院史）」	中部社会事業短期大学人間関係研究所『中部社会事業』、第3号、pp.8〜18	愛知の施設史研究の草創として位置づけられる。明治期の愛知育児院の実態を、①設立当時の社会的背景、②施設の沿革、③育児、④経費、⑤職員の視点から論究している。
②	1961	宇治谷義雄「江戸時代に於ける名古屋地方の児童福祉に関する若干の問題」	日本福祉大学『研究紀要』、第5号、pp.12〜17	江戸時代を研究対象としている点に特徴がある。名古屋叢書文教編及び法律編、尾張名所図会、名古屋史蹟名所紀要の貴重な資料を調査している。
③	1966	吉川芳秋「司法保護の先覚者加藤清之助翁の追思碑」	名古屋郷土文化会『郷土文化』、第21巻第2号（通巻86号）、pp.29〜31	愛知における司法保護の先人と称された加藤清乃助に焦点を置いた人物史研究である。論文末尾に豊ケ岡可塑園の園長として功績を残した加藤の追思碑文を紹介している。
④	1966	有坂徳子「愛知県における保育施設の発達」	愛知県立女子大学・愛知県立女子短期大学児童福祉学会『児童福祉研究』、第9号、pp.3〜14	愛知の保育所・幼稚園の歴史を初めて取り上げている。愛知県統計書、愛知県統計年鑑といった行政資料から西尾幼稚園、古知野二葉保育所の一次史料の発掘までと広範囲にわたって資料を紹介している。
⑤	1966	昭和39年度児童福祉実習グループ「愛知県の児童福祉施設の状況」	同上 pp.15〜33	愛知で児童保護施設の中心的役割を果たしてきた八事少年寮、明徳少女苑、愛知学園、衆善会乳児院などの状況をまとめている。
⑥	1968	三上孝基・吉田宏岳「愛知県社会事業史研究（その一）」	同朋大学同朋学会『同朋学報』、第18・19合併号、pp.182〜229	部落問題を扱った研究である。王子学区、平野町を調査対象として、愛知県社会事業一覧、「警友」、新愛知新聞、名古屋新聞を資料としている。

⑦	1969	田中勝文「愛知の子守教育」	愛知県立大学『児童教育学科論集』、第2号、pp.42～49	碧海小垣江小学校における子守教育の先駆者となった熊木直太郎と渥美郡大草小学校における富田悦三の実践をまとめている。愛知県教育会雑誌、愛知県広報などの資料を発掘している。
⑧	1971	吉田宏岳・高司昌「愛知県社会事業史研究ーとくに明治時代の歩みを中心としてー」	同朋大学同朋学会『同朋大学論叢』、第24・25合併号、pp.368～397	明治期を対象に年表作成を試みている。資料としては、愛知県議会史、愛知県史、名古屋史の県(市)庁文書を念入りに調査している。
⑨	1972	吉田宏岳・高司昌「愛知県社会事業史研究ーとくに大正初期の歩みを中心としてー」	同朋大学同朋学会『同朋大学論叢』、第26号、pp.87～103	1971年の研究を継続させ、大正期の年表を作成している。愛知での米騒動と社会事業の関連を実証的に分析している。
⑩	1975	高橋悦子「愛知県救済協会の設立過程について」	愛知県立大学『愛知県立大学十周年記念論集』、pp.295～311	愛知の社会事業史におけるひとつの変動期として、1917年に設立された愛知県救済協会の設立過程を考察している。大阪救済事業研究会の『救済研究』と名古屋新聞を資料の中心としている。
⑪	1976	高橋悦子「愛知県児童保護史年表Ⅰー明治・大正期ー」	愛知県立大学『児童教育学科論集』、第9号、pp.7～35	愛知と全国に分けて、児童保護及び関連事項と一般事項の欄を設けて児童保護史年表を作成している。
⑫	1976	竹内勇「昭和初期の愛知県の社会事業について」	同朋大学『同朋社会福祉』、第4号、pp.13～15	筆者が愛知における社会事業の機関に就職したころからの回顧録である。昭和初期の社会事業の状況を概観している。

⑬	1979	三上孝基「愛知県社会事業史管見（一）」	同朋大学『同朋社会福祉』、第 7 号、pp.65 ～ 81	愛知育児院を取り上げることで明治初年から第二次大戦までの約 70 年間の愛知の歴史を調べている。1882 年から 1898 年にかけての愛知育児院日記抄と森井清八の自伝的履歴書の一次史料を紹介している。
⑭	1980	三上孝基「愛知県社会事業史管見（二）」	同朋大学『同朋社会福祉』、第 8 号、pp.69 ～ 89	①育児事業、②盲啞教育、③感化事業（懲護）、④保育事業、⑤その他の児童保護施設の 5 分類より、明治及び大正年間における児童保護問題を検討している。高橋悦子 1976 作成の年表と愛知県社会事業要覧を資料の拠り所としている。
⑮	1980	高橋悦子「愛知県児童保護研究(3)－三河育児院について－」	愛知県立大学『児童教育学科論集』、第 13 号、pp.67 ～ 77	三河育児院の院則、西尾市史編纂室からの関係資料の発掘、聞き取り調査から三河育児院の実態を先駆的に明らかにしている。
⑯	1980	永岡正己「愛知県社会事業協会と『共存』」	日本福祉大学『日本福祉大学研究所報』、第 14 号、pp.17 ～ 20	1925 年から 1931 年に刊行された愛知社会事業協会機関誌『共存』の 77 冊を検討して、同誌の意義を述べている。
⑰	1981	三上孝基「愛知県社会福祉史管見（後編）」	同朋大学『同朋社会福祉』、第 9 号、pp.47 ～ 67	筆者が愛知県庁に社会主事として着任した 1922 年から 60 年間を回顧するという自伝的記述という方法で論じている。
⑱	1985	中田照子「戦時体制下の女性労働と保育－名古屋市を中心として－」	名古屋市立女子短期大学『研究紀要』、第 35 号、pp.77 ～ 81	戦時体制下の女性の労働と保育問題の関係を論じている。名古屋市民生局資料や民生行政のあらましから、1921 年から 1945 年の名古屋市立保育園年譜がある。
⑲	1990	長谷川眞人「愛知県における養護施設の歴史－学校併設養護施設の変遷を中心においてー」	愛知県立大学『児童教育学科論集』、第 23 号、pp.59 ～ 69	①愛知県における養護施設の変遷、②学校併設養護施設の変遷について述べている。今日の児童養護問題との関連性を取り上げている。

| ㉑ | 1990 | 小川英彦「杉田直樹の『治療教育』の思想（Ⅰ）」 | 精神薄弱問題史研究会『障害者問題史研究紀要』、第33号、pp.27～38 | 愛知で最初に設立された知的障害児施設の八事少年寮について、園長である杉田直樹が医学、教育学、社会福祉学の雑誌に掲載している諸論文より明らかにしている。八事少年寮への最初の論考である。 |

第3節　先行関連研究のまとめ

　第一に、今回の調査では、1950年代にこの分野の研究に着手されたのではないかと思われる、1956年に発表された吉田の研究を端緒とする仮説を提起したい。60年代に6編、70年代に6編、80年代に5編、90年に2編の合計20編の先行関連研究を収集できた。

　第二に、ここでは先述した両研究会の分類に学びつつ、(1)総記(年表、資料紹介、自伝・回顧)、(2)通史及び地域史、(3)施設史、(4)学校・学級史という4つに整理してみる。

　(1)総記

　対象年代については論文番号⑧は明治時代、⑨は大正時代、⑪は明治時代から大正時代、資料紹介については⑯は『共存』、⑫⑰は自伝・回顧になっている。

　(2)通史及び地域史

　論文番号②は江戸時代、⑭は明治時代から大正時代、⑥は王子・平野地区の部落になっている。

　(3)施設史

　論文番号①⑬は愛知育児院、⑮は三河育児院、③は豊ケ岡可塑園、⑳は八事少年寮、④⑧は保育園関係、⑲は児童養護施設関係、⑤⑩はその他になっている。

(4) 学校・学級史

論文番号⑦が学校・学級史になっている。

第三に、それぞれの研究がどのような史料・資料を使っているかをまとめてみる[3]。論文番号②④⑦⑧⑩⑭⑯⑱は県関係などの行政資料、⑥⑩は新聞資料、⑨⑪⑲⑳は文献資料、⑤⑮は聞き取り資料、③は生活者のもっている資料、①⑬⑮は施設・学級残存資料、⑫⑰は回顧録と大きく分けることができよう。

換言するならば、行政資料と文献資料を利用している研究が多くあることが明らかである。しかし、愛知育児院、三河育児院、西尾幼稚園、古知野二葉保育園に残る一次資料を発掘したものもある。また、愛知県教育会雑誌『愛知教育』(マイクロフィルム)、新愛知新聞や名古屋新聞の利用もみられる。

第4節　おわりに

1950年代から90年代の先行関連研究の動向からは、まず学校・学級史の研究がほとんどないことに気づかされる。施設史はそれに比較すると着手されてはいるものの、名古屋・愛知で先行して実践していた施設数からすると一部だけが進められていることは否めない。

また、児童問題の全体からみれば、障害児への研究が遅れていることも今後の課題として残されている。教育(学校・学級)と福祉(施設)の通史に関する研究も課題となっている。

8

【注】

(1) 山田明「精神薄弱者施設史研究の課題と方法」（一番ケ瀬康子・高島進『講座社会福祉2 社会福祉の歴史』、pp.312 ～ 322、1981 年）。

(2) 障害児教育学研究会「障害者問題史研究の動向と課題－研究方法論の検討を中心に－」（精神薄弱問題史研究会『障害者問題史研究紀要』、第 31 号、p.5、1988 年）。

(3) 菊池義昭・本田久市「地域社会福祉史研究のすすめ」（一番ケ瀬康子・高島進『講座社会福祉2　社会福祉の歴史』、pp.331 ～ 339、1981 年）。

第2章　大正後期における名古屋市個別学級の成立

第1節　はじめに

　戦前において開設された「特別学級」の実態や性格の解明に向けての実証的研究が精力的に進められ[1]、従来の通説を訂正するようないくつかの重要な問題提起がなされている。

　第1は、従来、「劣等児・低能児」特別学級というように「劣等児」と「低能児」の両者がその質的な違いにあまり注意されることなく同一に扱われていることへの批判である。「劣等児」とは、通常の教育の枠内での「学業不振児＝学業成績不良児」のことであり、「低能児＝精神薄弱児」とは明白に区別すべきものであるとする。

　第2は、上述のことと関係して、「劣等児」特別学級とその教育を今日の「精神薄弱児」教育の直接的な源流としてとらえる通説に対する批判である。この点に関して高橋智は，奈良女高師附小特別学級の事例を通して、「劣等児」特別学級の多くは、「低能児」教育の独自の教育目的や教育内容・方法を具体化するに至らないで解消していった点で、「精神薄弱児」教育の成立過程における「試行的・過渡的」な性格と形態を有していたとの仮説を提起した[2]。また、戸崎敬子は、和歌山県南部小学校の能力別学級「劣組」の事例を通して、「精神薄弱児」教育としての特別学級の成立のためには、知能検査等の子どもの判別基準や方法が確立するだけでなく、教育内容・方法の独自性や有効性の確立が必要であることを指摘し[3]、この視点から戦前の特別学級の再検討を進めている。

　第3は、大正期にひとつのピークを形成した特別学級の成立・展開とそれに対する大正新教育の影響・関係の問題である。従来は一般に大正新教育の個性尊重の理念や教育方法・内容改革運動の障害児教育に対する影響を、肯定的・積極的・相即的に把握しがちであった。しかし、

例えば戸崎の研究では大正新教育は特別学級の設立と関連はあるが、むしろ主な要因は児童間の著しい学力格差とそれへの対応という内部矛盾や能力別の学級編成が問題になる条件をもつ大規模校等の主体的諸条件である特別学級の成立をとらえている[4]。また高橋も大正新教育は「低能児・精神薄弱児」問題に主体的に関わることなく発展し、「精神薄弱児」教育(特別学級)の側は新教育の理論と実践を吸収しながらも、「特殊教育」の形態と方法にそれを改変して、いわば新教育との間に一定の距離をおくことによって成立していくと提起した。すなわち、大正新教育が特別学級の成立と展開を促進した要因になったことは否定できないが、それは直接的なものではなく、間接的なもの、さらには批判・克服の対象という形態をとっての促進要因にすぎなかったと分析した[5]。

　しかし、上述の問題の指摘は仮説の枠内にあり、未着手のまま残されている全国の数多くの特別学級の成立・展開に関する実証的研究の蓄積によって、十分に検証される必要がある。

　そこで、本章では大正期後半、1922(大正11)年から1923(大正12)年にかけて名古屋市において相次いで開設された「個別学級」6学級について、①成立要因、教育対象、教育課程・内容、教育方法等の実態について実証的に明らかにし、そして、②単なる能力別学級編成やあるいは「低能児＝精神薄弱児」特別学級とも異なる、「劣等児」救済としての「個別学級」の歴史的位置づけと意義についての検討を行なう。

第2節　「個別学級」の開設学校

　大正期における名古屋市の「個別学級」の存在は、古くは脇田良吉の『異常児教育三十年』(1933年)という著書に出てくる。それによると、「大正14年末各府県に実施されたる低能児学級を有する学校名」という見出しで、「愛知県(名古屋市)八重、船方、白鳥、橘、南押切、大成、(西

春日井部)西春、(知多郡)師崎、第二、(幡豆郡)西尾、(渥美郡)田原中部[6]」(傍点——筆者)と名古屋市の6つの学校を紹介している。

『愛知県教育史第四巻』(1975年)[7]と『愛知県特殊教育の歩み』(1977年)[8]における「個別学級」に関する記述はほぼ同じ内容であり,脇田のあげた6校のうち,優良児の「個別学級」が八重小・白鳥小にあり,「劣等児」の「個別学級」が橘小・船方小・大成小・南押切小にあったとして分けている。また,1923(大正12)年,1925(大正14)年に調査された文部省普通学務局の『全国特殊教育状況』では,やはり橘小・船方小・大成小・南押切小の4校が,「特殊教育を実施しつつある学校名」としてあげられている[9]。

これらの資料から,前記4校(橘小・船方小・大成小・南押切小)に「劣等児」の「個別学級」が存在したといえる。

ところで,筆者は今回,愛知県教育会の『愛知教育』誌(1887～1946年刊行)の調査を行ない,この4校以外の学校で「劣等児」の「個別学級」があったことを明らかにすることができた。同誌第420号には菅原尋常小学校柳川石次郎の執筆名で「劣等児童救済の小さな試み」という記述が出てくる。それには「特殊児童の選定」「基礎調査」「根本的欠陥に関する考察」「救済の実行」「劣等児救済の主要点」「指導の結果」が各々述べられている[10]。さらに,同誌第424号には「我が校の施設概要」と題して菅原小における「劣等児」教育の紹介,すなわち「イ,劣等児指導 特殊の劣等児は学級教授のみにては徹底を欠くこと多きを以て,毎日放課後膝下指導をなす。又夏期休暇等を利用して特別指導す[11]」という記載がある。

また,先に優良児の「個別学級」を設置したと扱われた白鳥小の再検討を進めた結果,「劣等児」の「個別学級」が存在したという記述を見つけることができた。白鳥小百周年記念誌(1972年)には,「遅進児の特殊学級の開設」(傍点——筆者)という記事が出てくる[12]。さらに,『熱

田風土記巻六』には「遅進児の個別指導－知能テスト実施によって知能指数の低いものの問題児を集めて特別指導の学級をもうけ」（傍点－－筆者）という記事もあった[13]。このように，資料を探索するにつれ，これまで「劣等児」の「個別学級」があるとして扱われていなかった学校にも，その存在を見出すことができたのである。なお，脇田があげた八重小には優良児の「個別学級」は存在したが、『愛知教育』誌第484号の中に「能力別に学級を編成し[14]」とあるだけで、「劣等児」の「個別学級」があったか否かはこれまでの範囲の資料検討では不明である。

表1.「個別学級」の開設校と開設年

1 橘小	1922(大正11)年
2 船方小	1922(大正11)年
3 大成小(現在、名城小)	1923(大正12)年
4 南押切小	1923(大正12)年
5 菅原小(現在、名城小)	1922(大正11)年と思われる
6 白鳥小	現段階では不確定

(出典:1.2.3.4については名古屋市役所教育課『個別学級研究報告』(1924年2月)、5については『愛知教育』誌の記載内容より判断)

　いずれにせよ、大正期における名古屋市で開設された「劣等児」の「個別学級」として、先に存在が認められていた4校のほかに、菅原小や白鳥小にもあったことが文献の上で確認できた。菅原小は通常教育時間外の補習的集団であったかもしれないが、一応本章では含めることにした。名古屋市にはこの6校以外にも「劣等児」の「個別学級」が存在したようであるが、開設後まもなく閉鎖するに至ってしまったようで、資料の上には記載されていないと推測される。

第3節　「個別学級」の成立要因・背景

　表1でまとめたように、名古屋市では1922(大正11)年・1923(大正

12) 年にかけて「個別学級」が開設されている。そこに至るまでの要因や背景について戸崎敬子・清水寛の仮説を参考に [15]，以下の5点より検討していく。

(1) 教育測定・知能測定運動との関係

　教育測定の方法は、大正期の新教育の支えとして広まってくるのであるが、「個別学級」が開設されるのと時期を同じくして、知能検査に関わる記載が『愛知教育』誌に盛んに登場してくる。たとえば、同誌では1921(大正10)年8月号より毎月「思想梗概紹介」という特設欄を設け、新教育の紹介に努めている。その欄を見ていくと、1922(大正11)年には楢崎浅太郎(東京高等師範学校教授)の「精神検査とは如何なるものか」という論述が [16]，翌年には「児童の知能検査に於て」という記述の中で、久保良英式知能検査法の普及を紹介している [17]。

　特に楢崎は、「個別学級」開設前年にあたる1921(大正10)年12月に名古屋市で行われた講演会で、「精神検査法」という演題で関係職員に講演している。翌年8月にも「優良児劣等児ノ鑑別及教育法」と題して、さらに、1924(大正13)年2月には「一、学級編制ニ利用スヘキ素質検査法」「二，国語ノ教育測定ノ一結果」と題して講演している [18]。これらのことから、名古屋市の教育界は、「個別学級」開設時前後に著名な知能測定心理学者である楢崎を幾度も招き、その影響下にあったといえる。その一例として、船方小においては「我が校では東京高等師範学校教授文学博士楢崎浅太郎先生に直接間接に鑑別法の指導を受け [19]」ていたと報告している。

　「個別学級」を編成するにあたって行われた児童鑑別法は、第1に学科試験を通して算術と読方の2教科での学力調査を行い、次に成績不良者より選び出した候補者を対象に知能検査(久保良英の団体検査法か系列式検査法)を課し [20]，最終的な「個別学級」の入級児を決定していた。

(2) 就学率の向上

　表2は、大正年間における名古屋市の学齢児童の就学率を整理した
ものである。これをみると、「大正十一年度までは常に九八％台を示
していたが、十二年度には九九.一五％となり、さらに十五年度には
九九.一二％の高率を示すに至っ[21]」ている。就学率や出席率の向上
は、これまで就学猶予・免除の対象となっていた貧困児をはじめ多様
な児童が公教育にくみこまれていったということであり、貧困児を中心
に、学習に困難な児童が「劣等児」として顕在化してくるのである。な
お関連して、戸崎・清水は「それぞれの学校が『特別学級』の設置に
踏み切るころには、就学率が98～99%を越え始めている」と指摘して
いる[22]。

表2 名古屋市における学齢児童の就学率

年　　　度	男	女	計
1912(大正元)	98.60%	97.98%	98.30%
1913(大正2)	96.58	94.76	95.71
1914(大正3)	97.00	95.12	96.10
1915(大正4)	98.72	98.27	98.50
1916(大正5)	98.63	98.18	98.41
1917(大正6)	98.51	98.21	98.36
1918(大正7)	98.72	98.38	98.55
1919(大正8)	98.76	98.33	98.55
1920(大正9)	99.07	98.70	98.89
1921(大正10)	99.05	98.60	98.82
1922(大正11)	99.09	98.80	98.95
1923(大正12)	99.27	99.03	99.15
1924(大正13)	99.02	99.02	99.02
1925(大正14)	99.27	99.19	99.23
1926(大正15)	99.18	99.04	99.12

（『愛知県統計書』第二編(教育)，大正2年～15年の各号より作成した）

(3) 貧困問題との関係

表3は、「個別学級」を設置した6校の1925(大正14)年時の所在地をあげたものである。

ところで、名古屋市社会課は、「個別学級」が開設された時期とほぼ同じ1924(大正13)年9月に『市内各町細民状態調査』を実施している[23]。この調査をもとに、「細民・貧困者」が分布する地域と「個別学級」設置校の所在地を照らし合わせてみると、船方小のある熱田新田東組が貧困者の多く居住する地域に、南押切小のある南押切町が「細民」と貧困者の多く居住する地域になっている。つまり、「個別学級」開設校の中には「貧困問題」をたくさんかかえた地域があったのである。

なかには、南押切小に象徴的にみられるが、「個別学級」のほかに「特別学級」も設置している学校がある[24]。「特別学級」とは、愛知県では1916(大正5)年12月に、尋常小学校に「特別学級」の編制の基準を示し、名古屋市では1919(大正8)年6月に「特別学級児童取扱ニ関スル手続」を告示して配置したものである[25]。これは、就学奨励策の一環で、家庭の貧困や労働のために就学困難な児童に対して就学・出席を容易にしようとするための就学対策であった。

「個別学級」と「特別学級」は、入級対象とする児童が異なるのであるが、「個別学級」が開かれていった背景には、貧困を理由に修学上困難をもつ児童への対策、多くの貧困児が「劣等児」となっていくことへの対策

表3 「個別学級」設置校の所在地

1 橘小	中区下前津町
2 船方小	南区熱田新田東組乙一ノ割
3 大成小	東区呉服町一丁目
4 南押切小	西区南押切町下十二島
5 菅原小	西区菅原町一丁目
6 白鳥小	南区熱田白鳥町

(名古屋毎日新聞社『名古屋教育総覧』、 pp.34 ～ 64. 大正14年9月より)

をとらえることができる。戦前の「精神薄弱児」教育をはじめ児童問題の底辺には、「貧困」が存在するという問題の把握[26]ができるのである。

(4) 先行する実践の導入

名古屋市に「個別学級」が開設される2年前の1920(大正9)年10月に、第3、4、5学年より20名を対象として(名古屋市も同じように20名程で編成している)東京市林町尋常小学校に、学業不振児のための促進学級(喜田正春訓導)が開設されている。そして、文部省は1922(大正11)年に「夏期講習に『就学児童の保護施設の研究』としてこの学級の実際を視察させ[27]」ており、名古屋市からも参加者があった。

また、新教育の流れの中で永田与三郎著『大正初等教育史上に残る人々と、其の苦心』(1926(大正15)年刊)が愛知県・名古屋市下で広く読まれ、その中には、東京高等師範学校附属小学校第三部の「補助学級」の初代担任であった小林佐源治の「低能児教育の若き経験」と題する記述が紹介されていた[28]。

このように、先行して実践されていた「劣等児」教育の研究成果を吸収しようとする気運の高まりの中で、名古屋市における「個別学級」の実践が展開されていったのである。

(5)「個別学級」の伝統校への設置と学校全体の取り組み

「名古屋市内最古の歴史を有し、常に模範校を以て目されて[10]」いる伝統校の菅原小では、学校全体の方針に「劣等児」への個別指導を明確に位置づけていた。「教授の準備」として知能検査と実力考査を全校児童に行うこと、さらに、教授細目は、「其の学年児童中能力の最も低きものに対する標準を示すもの」と配慮している。「教授の実技」では「特別指導」として「イ.劣等児指導　特殊の劣等児は……(中略)……毎日放課後膝下指導をなす。又夏期休暇等を利用して特別指導」を行ってい

表 4「個別学級」を有した学校の開校年

菅原小	1871(明治 4) 年
橘小	1872(明治 5) 年
船方小	1873(明治 6) 年
白鳥小	1873(明治 6) 年
大成小	1900(明治 33) 年
南押切小	1917(大正 6) 年

(名古屋毎日新聞社『名古屋教育総覧』、pp.34 ～ 64. 大正 14 年 9 月より)

る。そして、「養護上の施設」では、「12. 特殊児童取扱　特殊児童は
校医と協議の上個別取扱をなし、且つ家庭に注意を与ふ」とある [10]。

　また、表 4 のように、菅原小は 1871(明治 4) 年に、橘小は 1872(明治 5)
年に、白鳥小と船方小は 1873(明治 6) 年に開校されており、「個別学級」
を有する学校のかなりが伝統校、地域の中心校となっている。

第 4 節「個別学級」の編成と対象児の把握方法

　「個別学級」は、①学科試験を実施し、学業成績不良児を選出する、
②知能検査を行い、学業成績不良児の中から入級対象児をしぼる、③保
護者の承諾を得て、最終決定する、という 3 つの手続きを経て編成され
る。こうした段階的手順をとった理由は、教師の主観だけで対象児を選
出することは妥当ではないこと、さらに、知能検査への関心が高まる中、
名古屋市教育界は、久保式及び上野式、ターマン式の分類法により [20]、
「客観的・科学的」に裏付けられたデータに基づいて、学級編成をしよ
うという意図があった。

(1)　学科試験 (読方科と算術科) の実施

　「少くとも是だけの事項は把握してゐなくてはならないと思はるゝ様
な基本教材を以て問題を作製し」、「同一の問題は同一の教師が全学年を
通じて提出及び処理を為す様適当に分担をし試験を行 [29]」ったことか

ら、公平かつ正確な結果を得る目的のもと行われている。

橘小は、1922(大正11)年3月中旬に第1・2学年の全児童に実施している。

船方小は、1923(大正12)年4月より第2・3学年の全児童を対象に、2回に分けて行っている。そこでは、第一回学科試験で「零点より十点迄」の児童を「成績不良者」として選定した。なお、橘小と船方小の考査問題は、「A第一学年、算術科(一)(二)(三)、読方科(一)(二)(三)(四)」「B第二学年、算術科(一)(二)(三)、読方科(一)(二)(三)」からできており(30)、全く同じ内容の問題を使用していた。

大成小は、第4・5・6学年を対象に「当該学科第三学期教材中より選定したるも、成績劣位児童には漸次低下問題を課し落ち付く点を定め(31)」て、二教科の学力測定を行っている。

南押切小は、第3・4・5学年を対象に「前学年の教科書中より、新教材の部と復習の部と、更に日常生活に最も近き材料とを選択して、各四回宛課したる成績と、前学年度に於ける両科の成績とを比較研究し(32)」て実施している。

「個別学級」入級の対象学年は、各々の学校事情を考慮して決定していたと思われるが、4校を比べてみると、結果的には第4学年前後が対象になっている。これは、菅原小が第4学年の「劣等児」のみを対象に実施した実践(10)にみられるように、「三学年までは担任教師が少し手心をしてやると劣等児でも普通児について行けるが四学年になると一般児童に対する教授事項が劣等児には全然了解されないような風になる」という状況があったためと考えられる。つまり、「劣等児」は抽象的思考能力に欠けるという特徴があるがため、「今日の我が国に於ける教科課程が低学年に於ては非常に程度が低く且つ直観的のことが多い為めに特別の痴児ならざる限り能力低劣なものも之が学習に堪え得るが、高学年は之に反して教授事項が極めて高尚で抽象的なことが多い為めに劣等

児の知能程度では学習に困難が伴ふ」という、子どもの発達のレベル・特徴と各学年間の教育課程の適合性をめぐっての困難さをひきおこしていたことが指摘できよう[33]。

(2) 知能検査の実施

学科試験の結果、学業成績不良児として選出された者に対して、久保良英式の知能検査法を課している。橘小と南押切小では、まず団体的精神検査法を実施し[34]、次に個別的精神検査法を行って入級対象児をしぼっている。一方、船方小と大成小は、団体的精神検査を用いずに系列式検査法だけを実施している。

表5は、各校の「個別学級」入級児童の知能指数の分布を整理したものであるが、知能指数70台ないし80台の児童が約4分の3の割合で占めていることがわかる。

久保式は、知能指数121より140までを「優良児」、91より120までを「普通児」、76より90までを「劣等児」、75以下を「低能児」と分類していたので[35]、「個別学級」の対象児の多くは、久保式の分類によれば「劣等児＝学業成績不良児」に相当する。

なお、菅原小は、ターマン式の個人知能検査法に準拠して行っており，知能率80以上(下智)と90以上(普通)の児童で占められている。ター

表5「個別学級」編成時の知能指数の分布人数

I Q	橘小	船方小	大成小	南押切小
100 以上	0	0	0	0
90 ～ 99	3	0	3	2
80 ～ 89	5	4	9	7
70 ～ 79	11	13	3	6
60 ～ 69	1	1	4	4
50 ～ 59	2	0	0	0
49 以下	0	0	1	0
合計 (人)	22	18	20	19
(平均 I Q)	(77.6)	(76.7)	(77.4)	(78.1)

第2章 大正後期における名古屋市個別学級の成立 21

表6. 知能検査の受検者数と学級編成時の児童数

	橘小	船方小	大成小	南押切小
知能検査 受験者数 （人）	団体式 → 46 個人式 → 22	系列式 → 35	系列式 → 80	団体式 個人式 → 54
学級編成時の 児童数（人）	18	20	20	19

マンの分類法によると知能指数70以下が「精神薄弱」と扱われており[36]、やはり、菅原小でも「精神薄弱」の範疇に属さない子どもを対象としていた。橘小は「確実に普通学級へ戻し得る者三年Ｓ男一人、又其の見込みある者三年に於てＫ男Ｉ男Ｏ女、四年に於てＭ男Ｈ男の五人である」と、「知能教科の進歩状況」として報告している[37]。

　これらのことから「個別学級」は、「低能児」「精神薄弱児」以外の学業不振児を対象とし、学力の回復を行なって通常の学級への復帰を目的とした「促進学級」的性格を有していたと考えられる。

　表6に知能検査を受けた児童の数と学級編成時の入級児童数を整理した。知能検査を受けた児童数は、各校でばらつきがあり、最終的に20名ほどにしぼりこんで学級編成をしていることがうかがえる。この最終決定に至るまでには、さらに、身体検査、家庭訪問からの資料収集という作業を待たねばならなかった。

　このような諸検査を経て、各学校では「対象児の選定上の要件」を作成していった。それは、ほぼ共通しており、①知能指数70 〜 90迄のもの（南押切小は60 〜 90）、②身体発達の非常に遅れたもの、③伝染性疾患のないもの（内臓器官を主として）、④出席歩合の良好なもの、⑤保護者の快諾を得たものとなっていた。

　また、大成小においては、第3学年で躍進組、普通組、促進組の3つの区別がなされており、その促進組の中から「個別学級」対象児を選ぶという位置づけを考えていた形跡がみられる。つまり、「個別学級」

表7 身体各部の疾病・疾患について

疾病・疾患の種類		橘小	船方小				4	9
耳	耵聹栓塞	7	1	咽喉	扁桃腺肥大		4	9
	鼓膜内陥	2			アデノイド		1	
	同瘢痕	1			慢性鼻咽喉炎		1	
	慢性穿孔性中耳炎	1			慢性鼻咽喉カタル		1	
	左右耳垢	1			垢壁粘膜肉芽状		2	
	光線円錐消失	1		眼疾	トラホーム		3	
鼻	慢性カタル性鼻炎	1			角膜翳			3
	慢性萎縮性鼻炎	1			眼瞼糜爛			2
	人孔部糜爛	8		視力	近視		3	
	鼻加答児		3		弱視			3
	湿疹		1		乱視			1
	腺様増殖		1		斜視			1
	鞍鼻		1	胸	鳩胸		2	3
	鼻茸		1		扁平胸			2
歯	虫歯数	7	10	心臓	心臓不整		1	4
	歯並不整	2	8		右頭動膜雑音		1	

は能力別学級編成のひとつの展開・発展の形態でもあったのである。

(3) 身体状況

「劣等児」を教育するにあたっては、「何故薄弱なるかといふ原因方面の探求」する課題より、まず第一に、身体上の欠陥を調べなければならないとしている。そして、各校とも市が派遣した専門医の協力を得て細密な身体検査を行っている。

表7に橘小と船方小の身体状況をまとめてみた。橘小は、「身体状況は概して劣等で、身長体重胸囲等の平均も、本校の平均より何れも下位にある。……(中略)……然して欠陥の中では耳鼻咽喉に関するものが最も多い[38]」と報告している。大成小は、詳細な資料を得るために「児童身体検査カード」を作成し配布した上で、「甲介肥大と扁桃腺肥大最も数多し[39]」(傍点――筆者)としている。南押切小は、「一、一般に普通児より発育が遅れてゐる。二、収容児童は必ず二つ以上の、病的欠陥を有してゐて、之れが精神発達の上に、大なる影響を及ぼしてゐる[40]」と結果を述べている。

当時、久保良英の1918(大正7)年の報告より「扁桃腺肥大は観察工夫及言文に依る思想の発表並びに、記憶力を障害」するもの、「慢性鼻炎殊にアデノイドに於ては、注意散漫になる」と指摘されており、「劣等児」と咽喉・鼻疾患の関連に眼が向けられていたことを示している。

(4) 遺伝歴・生育歴

「個別学級」への入級に関しての理解を求める目的のほか、「家庭の状況児童発育の状況等出来得る限り調査」し、児童をよく知ることが教育の根本であるとして、家庭訪問を重視している。この訪問では、「多くの家庭が児童の教養に就て無頓着であり[38]」あるいは、「父母の教育程度の低級と、又容易に真相を話さない[41]」ために、正確な情報収集を得ようとした当初のねらいとは、やや異なることが生じている。このように、十分とはいえないが、留意すべき記録も出てくる。

遺伝歴では、橘小において、H男「父母鈍　兄二人共低能」、S男T女N女父母兄のいずれかが「鈍」と書かれてある[42]。大成小において、C男「家族ニ結核脳膜炎死亡者アリ」、I男「祖父脳悪シ」、K女「母ノ妹低能」、S女「母ノ父愚鈍」と環境調査表に記入されてある[43]。船方小において、「母低能と覚しきもの二名」「兄低能と覚しきもの一名」「母一時的精神異常一名」「叔父の精神病者一名」「慢性淋病者二名」「曾祖父に低能ありしもの一名」という記載がある[44]。そのほか、「酒家」「大酒」という記述が遺伝関係欄にはかなりみられる。

次に生育歴をみると、「低能」を来す原因らしきものとして、橘小のH男K男「難産」、N女「早産」とある[45]。さらに、発育状況をみると、歩行始期では、橘小のH男「満五歳」、O男S女「満三歳」など[45]、船方小では「歩行始期の遅かりしもの、九名、四五％[41]」南押切小では「概して誕生後七ケ月―二年一ケ月位の所[46]」となっている。言語の始期では、橘小のH男「満六歳」、T女「満五歳[45]」、南押切小では「誕生

後一ケ年—二ケ年位 [46]」となっている。どの学校も歩行始期と言語の始期は念入りに聴取していたようであり注目できる。

　また、このほかに「虚弱」「脳膜炎」「頭部胎毒多シ」「肺炎」「難聴」「引きつけ」「生レタ時小サナ子デ三日余り乳モノマナカツタ」という記載もみられることから、身体的に虚弱体質であった児童が含まれていた。

(5) 保護者の学歴、生活水準

　表8に保護者の学歴を、表9に生活水準 (資産) をまとめてみた。かなりの父母が不就学 (全体の 46.4%) や、義務教育の未修了者 (26.2%) であり、さらに生活水準は低く、「中」以下の者が大多数を占める。家計が貧しいために、児童をして「内職を強いて家計の一助ともなす」状況にあった。

　これらのことから、「個別学級」の対象児の多くは、生活上でも教育

表8 保護者の学歴

学歴		橘小 父	母	船方小 父	母	南押切小 父	母
無　学		12人	6人	9人	3人	3人	6人
尋小	1			1	2	1	2
	2		2	3	1	1	1
	3					1	
	4	1	1	3	0	1	1
	卒	4	5	2	3		
高小	1		1				
	2						
	3						
	卒	1	2	1	1	1	
その他			1	1			

的にも貧困な環境のもとに置かれていたといえよう。このことは、前述した名古屋市社会課の『市内各町細民状態調査』で裏付けされたように、一部の「個別学級」の中には、「貧民」をかかえた地域で開設された事実と一致する。

第5節 「個別学級」の教育の実際

(1)「個別学級」の教育目的
　表10に示したように、「個別学級」における教育方針は、①「知育」に偏った普通学級の「一斉的な形式的」教育ではなく、②長所を生かし「個性」に適応した教育であり、③職業教育を重視して、④家庭や社会生活との結びつきを深めていこうとするものであった。

(2) 教科目について

表10 「個別学級」の教育方針

橘小	普通教室に於ける一斉的な形式的な教育が、彼等に何等の効果を与へないのは当然な事であつて、・・・(中略)・・・一層萎縮せしむるのみである・・・(中略)・・・形式的な教育や知育に偏せず、児童の実際生活に突入して、彼等の心情にふれ個性に適応した教育に依り、出来る限り夫々の長所を伸ばしたいと思ふ (47)。
船方小	知力に全力を注がす、寧ろ知力は伸び得るだけに止めて、決して多を貪り、高きを望むべきものでないと思ふ。即ち低劣児童の教育の真諦は知育でなくて、長所を認めて職業指導に意を注ぎ、更に卑近な道徳行為を指導して常人としての、交際を円満ならしめ、より多く人間としての情味をふやしてやるにあると思ふ (48)。
大成小	この学級の児童に適した教材を、児童に適した方法によつて学習せしめんとし、就中校外教育行動主義の教育を重んじて、よく児童を活動させ、自身を低能者なりと悲観せしめず、学校生活家庭生活、社会生活の渾一的完成を期さねばならぬ (49)。
南押切小	出来るだけ普通の児童に近けて、其の個性なり特質なりを基にした、彼の真の力を伸ばすだけ伸ばして行くのではなからうか。今一つ希望を述ぶるならば、将来の職業或は生活に連絡するやうに進めて行きたい。此処にこの教育の生命があるのではなからうか (50)。

26

　各校の教科とその時間配分をまとめると表11のようになる。なお、その配分に基づいて時間割も組まれていた。大成小の時間割は第1・2限を4つのグループに分けての指導形態をとっており、他校と比較すると特徴的であることを付記しておく(表12)。

　各校とも「読方」「算術」「遊戯体操」という教科にかなりの時間をあてているほか、「自由科」「実習科」「個別指導科」等の独自のカリキュラムも編成していた。

　「読方」や「算術」に重きを置いたのは、「先づ此の教科の救済に努力し、能力相当に伸び得る所迄伸ばしてやり、量は少しでも確実に握らせてやろう」とする目的があったためである。いわゆる、学科試験の学業成績不良であった児童へ読み・書き・計算といった基礎学力をつけさせようとした意図を読み取ることができる。それは、「個別学級」が、「低能児=精神薄弱児」教育と区別されるところの学力向上をめざす「劣等児」

表11「個別学級」の教科と時間配分

	算術	読方	書方	遊戯体操	唱歌	自由科	実習科	自然科	学習・遊戯	地理・歴史	理科	図書	手工	裁縫	作法	個別指導科
橘小	5	5	1	5	1	3	2	全日								
船方小	4	4		5	1	3	3	校外	2							
大成小	4	5	1	3	2	各人一様で無		一週一回	1	5・6年2	4・5・6年2	各人一様で無	各人一様で無	女各3	1	5

<注:数字は週の時間をあらわす>

教育という性格に規定されるものである。

　また、船方小の場合、「一般に技能に属する教科を重視する。自由科、実習科の一部は将来該児童職業上有益なるもの」とし、特に実習科の内容は「学校内の除草、教室の掃除、甘藷等の焼き方、又は直接商家と交渉せしめて、実用に適する仕事の実習(51)」とし、作業や職業指導を通

表12 大成小の時間割

（右端欄に「○個別学級時間割」「大正十二年度」と付記）

分間	土	金	木	水	火	月
第一限	四 算／三 算／二 自習／一 算	四 算／三 算／二 算／一 自習	四 綴／三 算／二 算／一 算	四 算／三 綴／二 算／一 算	四 算／三 算／二 綴／一 算	四 算／三 算／二 算／一 綴
第二限	四 書／三 読／二 読／一 読	四 読／三 書／二 読／一 読	四 読／三 読／二 書／一 読	四 自習／三 読／二 読／一 書	四 自習／三 読／二 読／一 読	四 読／三 読／二 読／一 読
第三限	個別指導	四・五・六年 理・体	個別指導	四・五・六年 歴・体	個別指導	四・五・六年 地・体
第四限	六年 体／五年 自由／五年 男女／四年 手	唱	娯楽	個別指導	唱	個別指導
第五限		四・五・六年 修・体・図	男女 自由・裁	四・五・六年 図・体・理	四・五・六年 珠・手・体・修	男女 自由・裁
第六限		諸作法	五・六年 男女 自由・体・修	五・六年 男女 自由・体・手	五・六年 女男 体・体・図	四・五・六年 男男男男女 自由・手・図・裁

備考「校外教育」一週一回天候の良好なる日には午後をこれに充つ

しての学校や社会への適応をめざしている点が特徴的である。

なお、「修身科」については、「児童の日常生活の大部分が修身科なるが為め」として、どの学校も「特設せず」となっており、「個別学級」が単なる能力別学級編成ではない、特別学級としての独自性が出されている点で注目に値する。

(3) 教育方法について

戦前の教育方法をみる場合、「師範学校教授要目の制定以後、教育方法の三分野＝教授、訓育、養護という方法概念は、大正期、昭和戦前期を通じてひろく教育界で行われ[52]」たという指摘があるが、ここではその3つの領域に即して、「個別学級」の指導方法を整理してみる。

◎教授の分野にて

〔ア〕読方科

☆橘小の場合[53]

1. 片仮名の読方、書方を全部確実にする事

2. 平片名の練習

3. 小学校読本巻三から漸次普通学級の経路を進ましむ

☆船方小の場合[54]

1. 仮名文字の指導法

  第一指導法　A 文字板の取扱法　B かるた遊び　C「アイウエオ」小石遊び

  第二指導法　A 発音上よりの誤字誤読　B 字形上よりの誤字誤読

  第三指導法　A 両仮名区別上の指導練習　B 其の他の指導練習

2. 漢字の指導法

  A 新出漢字の読み方、書方指導法　B 漢字の復習法

3. 読み方教授の指導法

  A 個別指導に努む　B 字引を活用せしむ　C 学芸会を層々行つて

読書力の養成に努む　Ｄ児童図書館を設けて閲読せしむる

〔イ〕算術科

☆橘小の場合[55]

「到達点目的地を三年の形式」に置いて、次の順序で指導していた

1. 基数観念を確実にすること、並びに数字の読方書方の確立

2. 和十以下の加法

3. 右の逆減法

4. 二十迄の数へ方及び記数法

5. 二基数の和が十一以上となる加法

6. 右の逆減法

7. 百迄の数へ方及び記数法

8. 二位数に基数を加へて十進するもの

9. 右の逆減法

10. 一萬未満の数へ方、記数法

11. 三学年形式算加法

12. 同形式算減法

13. 掛ケ算九九

14. 三学年形式算乗法

15. 割り算

16. 三学年形式算除法

17. 十進諸等数の計算

☆菅原小の場合[56]

「一般的指導と注意」として、次の点をあげている。

ハ. 実物絵書数図グラフ等は十分に蒐集すること　ホ. 事実問題は始めより文章の形として与へず事実の実験的解法により数関係の抽象へ導くこと　ヘ. 低学年は勿論数的遊戯を層々なさしむること　ト. 文章による事実問題は題意の把捉を読方教授と連絡して練習すること　ル. 九九

の暗唱等は語調と気合が大切である行きつまつたのは何気なく明確に教
へ考へしめぬこと　ワ. 個別的に進度表を作製すること　タ. 多量の不
正確なる練習より小量の確実なるがよし　レ. 反覆練習を重んずること

◎訓育の分野にて

当時の訓練に関する基本的な考えは、たとえば、菅原小では「教育勅
語、戌申詔書の御趣旨を奉体し自律的に行動する人道的国家公民を養
成せんことを期す[11]」とされていた。

☆南押切小の場合[57]

1. 善良なる習慣養成

〔1〕身体の清潔〔2〕被服の清潔〔3〕整頓〔4〕礼儀正しくする事

2. 共同の精神養成

整列　掃除

3. 学習訓練の養成

自学自習の習慣

◎養護の分野にて

各校とも、児童の多くが身体的な疾病・疾患をもっていたので、この
分野を重要視していた。大成小の学校経営には「異常児トラホーム児は
学校医が検診する (随時)[58]」、菅原小の「養護上の施設」欄では、「12.
特殊児童取扱　特殊児童は校医と協議の上個別取扱をなし、且つ家庭に
注意を与ふ[59]」と特記している。

☆大成小の場合[60]

1. 衛生

食欲便通の状況食事時間及量の確守、睡眠時間を守ること等を家
庭に向つて問ひ合せて、適当の指導をなす。

2. 保健

3. 個別的訓練

児童の行動を日常観察簿 (年月日、身体、心性、知能、其他の様式

より成る）に記載して、其の原因を探求し個人別引見によつて指導
をなす。体操遊戯を奨励する。海浜集落林間学校等奨励する。

4. 治療

軽度の疾患と雖も看過せず、家庭に通知して治療を受けしめ、又
校費を以て治療をなす。

以上、「個別学級」における教育の実際についてみてきたが、
1923(大正12)年末調査、1924(大正13)年11月発行の文部省普通学務
局『全国特殊教育状況』は、特別学級の「教科教材取扱法」を3つに類
型化している[61]。

第一類型「学科を変せず、年齢相当学年の教材に於てその基本的な
るものをとらんとするもの」

第二類型「学科を変せず、ある学科は低学年教材を、ある学科は年
齢相当の教材を授くるもの」

第三類型「一定の計画の下に劣等児学級全体の方針をたてたもの」

この3類型に照らしあわせると、名古屋市の「個別学級」は第三類型
に属し、「劣等児」教育の範囲ではあるが特別学級としては最も徹底す
るものと評価できよう。

第6節　おわりに

頭書の課題に即して、明らかになった点と今後の課題について以下に
まとめを行ってみる。

第1に、従来、「劣等児」の「個別学級」が存在したと言及されてき
た4校(橘小、船方小、大成小、南押切小)のほかに、菅原小と白鳥小
にも存在したことが資料の発掘より明らかになり、少なくとも6校には
「個別学級」があったことが今回の調査で判明した。

第2に、名古屋市の「個別学級」の成立要因・背景には、6校全体に

共通するものとそれぞれの学校の独自性とが考えられるが、①能力別学級編成と「劣等児」教育問題の顕在化とそれへの対応、②知能測定方法の導入・定着化と「劣等児」の選定、③就学率の向上と「劣等児」の通級、④貧困問題、⑤先行実践の吸収とその展開、⑥その地域の中心的な伝統校における「個別学級」の設置と学校全体での取り組みといったことがあげられる。

第3に、「個別学級」を編成するにあたっては、学科試験（読方科と算術科）が行われ、次に知能検査が実施されていた。知能検査法にあたっては、久保式やターマン式が取り扱われ、IQ 70 より 90 までの学業成績不良児＝「劣等児」でほとんど占められていた。

第4に、児童を把握するにあたっては、身体状況、遺伝歴・生育歴、保護者の生活実態から判断された。児童の多くは「障害」という程ではないが、さまざまの疾病・疾患を有していたり、身体虚弱であったり、また乳幼児期における発達の遅滞（歩行・言語等）を確認されるものもいた。

第5に、「個別学級」の実際の取り組みは、基礎学力（主に読方・算術）を形成し、通常の学級への復帰を目的とした。その上で子どもの身体的状況や将来の進路を考慮して、養護指導・職業指導にも力が注がれていたのである。

以上、大正期の名古屋市という一地域における「劣等児」救済としての「個別学級」の成立とその特徴の一端を明らかにしてきた。「個別学級」は単なる能力別学級とは違うが、しかしその一方で、「低能児＝精神薄弱児」等の障害児を対象とする特別学級とも異なるものであった。すなわち、知能検査の導入による対象児の判別、子どもの生活実態・身体状況などの多面的な把握、教育内容・カリキュラムや教育方法において一定の独自性があり、通常の学級とは異なる側面がみられる一方、対象児のほとんどが学業不振児であり、読方・算術の教科の学習に重点をおい

て学力の形成をはかり、社会的適応・職業自立を進めていこうとする教育目的・方針においては通常の学級と変わりはみられない。

〔注〕

(1) その研究動向については、迫ゆかり「『劣等児・低能児』学級史研究の動向」（日本特殊教育学会『特殊教育学研究』第27巻第2号、pp.105 ～ 110、1989年）を参照。

(2) 高橋智・荒川智「大正新教育と障害児教育の関係と構造─奈良女高師附小を事例として─」（障害者問題研究会『障害者問題研究』第48号、pp.55 ～ 66、1987年）。

(3) 戸崎敬子「大正・昭和初期における『特別学級』の成立と展開─和歌山県南部小学校の『能力別学級』劣組の事例から─」（全国地方教育史学会『地方教育史研究』第9号、pp.44 ～ 68、1988年）。

(4) 前掲 (3)、p.49。

(5) 前掲 (2)、p.64。

(6) 脇田良吉『異常児教育三十年』p.9、日乃丸会刊、1932年。

(7) 愛知県教育委員会『愛知県教育史第四巻』pp.299 ～ 301、1975年、「三精神薄弱児の教育」。

(8) 愛知県特殊教育の歩み編集委員会『愛知県特殊教育の歩み』pp.25 ～ 32、1977年、「第四節精神薄弱教育の試行期」。

(9) 清水寛・戸崎敬子「第二次大戦前における『特別学級』の実態〔1〕─先行関連研究の整理と文部省の大正期における調査報告の検討─」（『埼玉大学紀要教育学部教育科学』第34巻、1985年）。

(10) 柳川石次郎「劣等児童救済の小さな試み」（『愛知教育』第420号、1922年12月）。

(11) 柳川石次郎「我が校の施設概要」（『愛知教育』第424号.1923年4月）。

(12) 名古屋市立白鳥小学校開校百周年記念行事委員会『開校百年白鳥』p.31、1972年

(13) 「10.白鳥小学校　太田とも」p.131（『熱田風土記巻六』、熱田久知会 、1970年）。

(14) 「名古屋市八重尋常高等小学校」（『愛知教育』第484号、1928年）。

(15) 戸崎敬子・清水寛「大正期における文部省『全国特殊教育状況』の『特殊教育実施校』に対する実地調査報告 I ─『特別学級』成立要因の仮説的検討 ─」（『高知大学教育学部研究報告　第1部』第40号、pp.129 ～ 144、1988年）では、次のような9つの特別学級の成立要因を仮説として提起している。すなわち 、①大規模校 、②就学者数の増大 、③学校の教育方針の確立、④教育内容、教育課程、指導方法の改善、⑤成績・「能力」の評価方法の確立 、⑥伝統ある地域の中心校、⑦校長の指導性や教師の教育実践力の高さ、⑧教育改造的機運の影響、⑨地域性である。本研究を行うにあたっても、この9つの要因・背景に学ぶべき点が大きかった。

(16) 『愛知県教育史研究ノート─学校教育百年の歩み─』pp.122 ～ 123、1967年。

(17) 松井亘「児童の知能検査に於て」(『愛知教育』第 425 号、pp.8 〜 22、1923 年)。

(18) 名古屋市役所教育課『個別学級研究報告』(1924(大正 13) 年 2 月) の中で、「本市ガ個別学級ノ研究ヲナサシムルニ当リ施設セシ概況ハ左ノ如シ」として、記載されている。

(19) 名古屋市役所教育課・船方尋常小学校『個別学級研究報告』p.1、1924 年 2 月 。

(20) 南押切小は団体検査法を、船方小・大成小は系列式検査法を、菅原小は「テルマン (ターマン) 氏の個人知能検査法に準拠」(カッコ内――筆者) とある。また、橘小は「久保氏並びにテルマン氏の分類法に照して」とあり併用していた 。

(21) 名古屋市役所『大正昭和 名古屋市史第六巻』、p.113、1954 年 12 月。

(22) 前掲 (15)、p.132。

(23) 名古屋市社会課『市内各町細民状態調査』1925(大正 14) 年刊 (社会福祉調査研究会『戦前日本社会事業調査資料集成 第一巻、貧困 1 大正期』pp.358 〜 378、勁草書房、1986 年に再録されている)。

(24) 名古屋毎日新聞社『名古屋教育総覧』p.45、1925 年 9 月に「南押切尋常小学校・・・(中略)・・・学級数 尋常十二、高等一、特別学級二、個別学級一」(傍点――筆者) と掲載されている。

(25) 前掲 (7)、pp.35 〜 36、pp.59 〜 60 に「特別学級編制の通牒」(愛知県公報) が掲載されている。

(26) この問題把握は、田中勝文の一連の貧民教育史研究の中で展開されている。たとえ ば、「日本資本主義の形成と児童問題」(江藤恭二・宍戸健夫『子どもの生活と教育の歴史』pp.149 〜 169、川島書店、1966 年)、「義務教育の理念と法制――貧民学校から義務制を考える――」(『講座日本教育史 近世Ⅱ近代Ⅲ』第三巻、pp 41 〜 70、第一法規、1984 年)、「特殊小学校と障害児教育」(津曲裕次他編『障害者教育史』、pp.194 〜 200、川島書店、1985 年) 等がある 。

(27) 喜田正春「大正・昭和初期の ″促進学級″」(『精神薄弱児研究』156 号、p.36.1971 年)。

(28) 前掲 (16)、p.124。

(29) 名古屋市橘尋常小学校「個別学級の概要」(『愛知教育』第 421 号、1923 年 1 月)。

(30) 橘小と船方小で行われた学科試験は以下のようであった

第一学年

算術一

3+2	6+3	4+4	2+8
3+4	4-2	6-4	7-3
8-2	10-6	8+3	6+7
8+8	3+9	8+7	14-4
14-8	12-7	17-8	15-6

算術二

8+6	9+9	4+8	4+9
5+8	14-7	11-6	16-7

第2章　大正後期における名古屋市個別学級の成立　35

13-6	15-8	14=5+△	18=9+△
11=2+△	15=7+△	13=8+△	2+4+6
7+7+4	9+6+2	3+3+8	6+6+6

算術三

(1) 鳩ガ七羽遊ンデ居タ所ヘ他カラ五羽飛ンデ来マシタ。皆デ幾羽デスカ。

(2) 犬ガ十四匹居マス。ソノウチ六匹。近頃他カラ来タ犬デス。モトカラ居タ犬ハ何匹デスカ。

(3) 二十銭札ヲ持ツテ行ツテ六銭ノ書取帳ト七銭ノ筆ヲ買ツタラ釣銭ガ幾ラ来マスカ。

(4) 白墨ガ箱ノ中ニ六本机ノ上ニ八本アリマス。ソノウチ先生ガ七本使フト、アトニ何本残リマスカ。

(5) 十人ノ子供ガ列ヲ作ツテ通リマシタ。ソノ中ニ女ノ子ガ八人居マシタ。男ノ子ハ何人居マシタカ。

讀方　一

「オ菊トオ花ガオキヤク遊ビヲシテキマス。オ花ガオキヤクデス。ゴメン下サイ。ヨクイラツシヤイマシタ。ドウゾオアガリ下サイ、」「モノホシザヲ」「アカイトリ井」「ユフダチ」の書取

同　二

「ヘイタイガ□□□ヲフイテ□□□□カラデテキマス。」「□□□オヂイサンハコブヲ□□□□□コマリマシタ。」「□□□□ノナカデ、スズメノ□□ヲミツケマシタ。」の填字

同　三

「太イ木・大キイ川・犬ノ口・白イ花・小サイ人・目ト耳・土ト火・女ノ子ノ手・正月・米ノヨクトレル田・足ヲ水ノ中ヘ入レル」に讀仮名をつけしむ。

同　四

五十音を書かしむ。

第二学年

算術一

6+8	4+3+9	7+7+7	15-7
18-12	34+8	7+86	25+27
17+58	49+45	74-6	63-58
42-14	62-36	93-59	700+200
400+600	450+326	1000-300	550-150

同　二

42=6×△	28=4×△	54=9×△	56=8×△
63=7×△	32=△×4	72=△×8	60×3

80×6	70×5	24÷6	63÷9
40÷5	64÷8	48÷6	28÷4
17÷3	11÷2	50÷7	39÷8

同　三

(1) 五十三人ノ生徒ガ居ル組デ缺席シテ井ルモノガ五人アリマス。出席シテ井ル人ハ何人デスカ。

(2) 十銭デハ一本二銭ヅヽノ鉛筆ガ何本買ヘマスカ。

(3) 三銭ノ筆ヲ四本買ツテ十五銭出シタラオツリハ幾ラデスカ。

(4) 五十六枚アル本ヲ毎日幾枚ヅヽ讀ムト八日デ讀ミヲハリマスカ。

(5) 買物ヲシテ十圓札ヲ出シタラ十銭オツリガ来マンタ。幾ラノ買物ヲシタノデスカ。

(6) 女二十五人ト男三十八人トヲ一ショニシテ九組ニ分ケタラ一組幾人デスカ。

(7) 兄ハセイノ高サガ四尺二寸デ、弟ハ三尺四寸デス。兄ハ弟ヨリドレダケ高イデセウ。

讀方　一

平仮名で五十音を書取らしむ。

同　二

「今朝・両方・北風・小豆・使ふ物・神様・道を通る・人形・火の用心・車の音・上手・人力車」に讀仮名をつけしむ。

同　三

「ユミヤ・ジブン・キヨネン・イハノアヒダ・アカイカミ・コメムギ・キヤウダイ・ウミノミヅ・ワタクシノイヘ・ウメノハナ・ナミノオト・カウチヤウセンセイ」を漢字で書かしむ。

同　四

「カゼフク小エダニスヲハル小グモ。ハツテハキレキレテハハリ、キレテモキレテモマタハルホドニ、トウトウ小エダニスヲハツタ。」の意義

「ヤブノ竹ハ弓ノヤウニマガツテ、中ニハサキガ土マデトドイテキルノモアリマス。ニハノ松ノ木ハワタヲノセタヤウニ見エマス。ハノオチタ木モ皆マツ白ニナツテ花ガサイタヤウデス。」はいつのことを書いたか答えしめ、文題もつけしむ。

(31) 名古屋市役所教育課・大成尋常小学校『個別学級研究報告』p.2、1924 年 2 月。

(32) 名古屋市役所教育課・南押切尋常小学校『個別学級研究報告』p.1、1924 年 2 月。

(33) 小学校 4 年生でつまずきがふえているといった教育問題は、現在でも取りぎたされている。たとえば、秋葉英則『小・中学生の発達と教育』（創元社、1977 年）、日本子どもを守る会『子どもはどこでつまずくか 9、10 歳は飛躍台』（草土文化、1985 年）等がある。

(34) 前掲 (29) に 7 種類の問題とその結果がまとめられている。問題は、次のものから成っていた。

推理問題 1	迷路 8 種
問題 2	直観分析 10 種
記憶問題 1	機械的記憶
問題 2	論理的記憶
聯想問題 1	反対聯想
問題 2	自由聯想
注意問題 1	数字抹消

(35) 前掲 (19)、p.9. なお、「ドクトル久保良英氏、大正十一年改定案即ち系列式精神検査法を実施した」とある。(同報告 、p.7)

(36) 名古屋市役所教育課・橘尋常小学校『個別学級研究報告』p.16.1924 年 2 月。

(37) 前掲 (36)、pp.29 ～ 33。

(38) 前掲 (36)、pp.15 ～ 16。

(39) 前掲 (31)、p.22。

(40) 前掲 (32)、p.15。

(41) 前掲 (19)、p.12。

(42) 前掲 (36)、pp.17 ～ 18。

(43) 前掲 (31)、pp.17 ～ 19。

(44) 前掲 (19)、p.13。

(45) 前掲 (36)、pp.18 ～ 19。

(46) 前掲 (32)、p.6。

(47) 前掲 (36)、p.20。

(48) 前掲 (19)、p.16。

(49) 前掲 (31)、p.6。

(50) 前掲 (32)、p.18。

(51) 前掲 (19)、p.17。

(52) 田中勝文「『養護』概念の検討 (1)――教育学における『養護』概念の発達をめぐって――」、(『愛知教育大学研究報告』30 集 (教育科学編)、p.156、1981 年)。

(53) 前掲 (36)、pp.25 ～ 26。

(54) 前掲 (19)、pp.19 ～ 22。

(55) 前掲 (36)、pp.22 ～ 24。

(56) 中央部発表者　菅原校　鶴見春雄「算術科に於ける成績不良児童の研究と其救済」pp.3 ～ 4(名古屋市役所教育課『名古屋市小学校各部共用研究発表要録』1926(大正 15) 年 11 月)。この菅原小での取り組みは、「五　学習指導案」の中に書かれている。それには、「1 学級編成　イ . 補助学級の設置　ロ . 能力別学級 (移動式) 分団組織」とある。なお、この菅原小の報告は、「実際教育上緊急にして且つ適切なるもの」として、『同発表要録』の最初に紹介されていることに注目できる。

(57) 前掲 (32)、pp 18 ～ 19。

(58) 名古屋市大成尋常小学校「大成尋常小学校経営要覧 (大正十一年六月修正)」(『愛知教育』第 416 号、1922 年 8 月)。

(59) 前掲 (11)。この菅原小の「養護上の施設」欄は、ほかの学校に比べ、詳しく書かれており、「12.特殊児童取扱」という項目をたてているのが特徴的である 。

(60) 前掲 (31)、pp 10 ～ 11。

(61) 前掲 (9)、p59。

〔1〕「個別学級」開設校における史料

学校名	史料名	年次	数量
1. 橘小	『橘小学校沿革史』	明治 5 年～	2 冊
	『橘小学校学籍簿』	明治 5 年～	約 40 冊
2. 船方小	『学校沿革史』	明治 6 年～	各 5 冊、約 50 枚
	『学籍簿』	明治 6 年	各年次 1 冊
3. 大成小 (現在、名城小)	『大成尋常小学校沿革史』	明治 33 年～	1 冊
	『協同関治、八重、大成尋常小学校学籍簿』	明治 7 年～	98 冊
	『協同関治、八重、大成尋常小学校学校日誌』	明治 31 年～	120 冊
4. 南押切小	『沿革史 (各篇)』	大正 6 年～	1 冊
	『沿革史 (総記篇)』	大正 6 年～	1 冊
	『卒業者除籍簿』	大正 6 年～	19 冊
	『卒業証書台帳』	大正 6 年～	19 冊
5. 菅原小 (現在、名城小)	『菅原学校沿革史』	大正 9 年～	1 冊
6. 白鳥小	『白鳥小学校沿革史』	明治 6 年～	2 冊
	『学校の沿革』	昭和 28 年刊	1 冊
	『白鳥小学校学籍簿』	明治 19 年～	74 冊
	『白鳥小学校学校日誌』	明治 41 年～	36 冊

(愛知県科学教育センター 『愛知県教育史史料目録』、第 2 集、pp 6 ～ 51、「名古屋市」の部より作成した。)

第2章　大正後期における名古屋市個別学級の成立　39

〔2〕戦前における名古屋市・愛知県の教育要覧・学校沿革等資料

編者		資料名	年次	数量・その他
名古屋市役所教育課	※	『個別学級研究報告』	大正13年	
田所糧助	※	『名古屋学校総覧』	大正14年	249p 名古屋静観堂書店
名古屋毎日新聞社	※	『名古屋教育総覧』	大正14年	520p
名古屋市教育部	※	『名古屋市学事要覧』	大正12年〜昭和12年	
名古屋市教育会		『名古屋市教育界会報』	明治36年〜昭和9年	1号〜176号
名古屋市教育委員会	※	『名古屋市教育年表』	昭和25年	84p
事務局総務部調査広報課				
名古屋市教育課	※	『名古屋市小学校各部共用研究発表要録』	大正15年	102p
名古屋市	※	『名古屋市小学校教育研究録』	大正15年	138.212.144p
名古屋市		『名古屋市尋常小学校教授細目』		40p
名古屋市史編纂係		『学校沿革調』		38p
名古屋市教育部	※	『小学校研究発表要項』	昭和9年	
愛知県	※	『愛知県学事概要』	大正15年	33p
名古屋		『愛知県学事要覧』	大正14年、昭和7年〜14年	
愛知県		『愛知県教育五十年史要』	大正11年	32p
愛知県教育委員会事務局	※	『愛知県教育要覧』	大正6年〜	
愛知県教育委員会		『各小学校沿革の調査[1・2]』	昭和6年〜	2冊
愛知県教育振興会	※	『愛知県教育関係職員録』	大正12年〜	
名古屋　愛知県教育会	※	『愛知教育』	明治20年〜	73号まで:『愛知教育会雑誌』371号まで:『愛知教育雑誌』マイクロフィルム

<注：※は今回調査をした資料であることをあらわす>

(愛知図書館協会『愛知県郷土資料総合目録』、pp.270〜295、1964年、「A370教育」の部
　より作成した。)

40

第 3 章　大正末期における愛知県児童研究所の役割

第1節　はじめに

　かつて藤井力夫が1977(昭和52)年に発表した「大阪市における精神薄弱児『特別学級』の成立過程」[1]の中で提示された図(案)を参考にして、名古屋・愛知の研究で明確になりつつある施設史・学級史を中心とした児童問題の展開を示すと図1のようになる。

　筆者の問題関心からして図1のような各種の学校・学級や福祉施設の成立展開過程を明らかにすることは、相互の施設の関連性や地域の中での対応などをめぐって、劣等児や「精神薄弱」問題の顕在化とその対応を総合的に明らかにすることにつながると考えられる。

　これらの学級や施設のほかに、図1に併せて目をやると明治から大正時代にかけての「精神薄弱」問題の一端は非行問題の中にも見出すこと

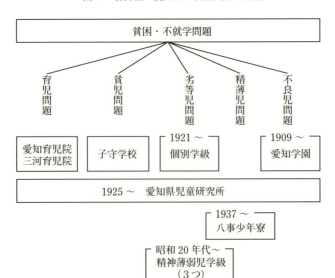

図1　名古屋・愛知での児童問題の展開

第 3 章　大正末期における愛知県児童研究所の役割　43

が可能である。すなわち、感化事業の対応と共に知的障害児問題が顕れ
てくるという問題のとらえ方をすることができよう。1909(明治 42) 年
に開設された感化院である愛知学園に注目すると、1931(昭和 6) 年に刊
行された『感化の栞』に「愛知学園教育施設一班」という機関の連携図
が紹介されている。その中に知的障害を有する児童を対象に設置された
特別学級 (1 ノ組) が存在していたことを知ることができる。その栞に
は「生徒中知能の最も低劣なるものを以て一個の特別学級を編成し」[2]
と規定されている。劣等児を対象とした「個別学級」が愛知県内に設立
されていった頃の 1925(大正 14) 年度の『愛知学園児童鑑別所彙報第一
回』を調査すると、感化院児童の特色として「本質上異なる点は犯罪ま
たは不良行為の有無であるけれども・・・(中略)・・・この他教育上
見逃すことのできない諸点に一般に智能の低劣である、・・・家庭の資
産並に社会的地位が著しく低き」[3](傍点――筆者) となっており、久
保良英式の知能検査を用いた結果、全体の 27.5 ％が「低能児者」であ
ると報告している。[4]

　大正 10 年代から昭和初期の愛知の知的障害問題をめぐっては、「精
神薄弱」児施設である八事少年寮の開設を 1937(昭和 12) 年まで待たね
ばならなかったゆえ、愛知学園や個別学級などでもって限定的ではある
ものの対応していたことがわかる。

　これらの学園・学級の入級に際しては「愛知児童研究所」が一定の重
要な役割を担っていた。その事例として、研究所の所長であった丸山良
二が 1925(大正 14) 年 12 月から 1928(昭和 3) 年 6 月に至る約 2 年半に
愛知学園内の児童だけではなく、愛知県下の不良児童の調査を実施して
いること [5] などをあげられる。また、同研究所の設立趣旨について「県
下児童保護事業ノ発達ト共ニ之ガ研究ノ中心機関設置ノ必要ヲ生ジ、恰
モ県立愛知学園ノ移改築ニ際シ新タニ児童鑑別所ノ附設セラル」[6](愛
知県児童研究所は愛知学園児童鑑別所に併置されていた) とある。

こうしたことから、愛知県児童研究所は、地域住民に対する相談活動、広報・教育活動などの多様な機能を担っていることが明らかである。広い見地から地域のニードを解決するための総合的な役割を有した施設として、愛知において開かれた機関としての機能を縦横に発揮しようとしたともとらえることができる。愛知の児童問題史を総合的に明らかにしようとするためには愛知県児童研究所に関する調査も不可欠で、本章では同研究所の果たした役割の検討を行っていく。

第2節　児童研究所の地域に果たした役割

愛知県児童研究所は1925(大正14)年に開設され、それは愛知学園(感化院)の敷地内に併設されていた。愛知学園の入園に当たっては愛知県児童研究所・愛知県鑑別所に調書を提出するという手続き上のつながりなどがあった。こうしたことから、大正末期から昭和初期にかけての愛知県児童研究所の役割を述べるには、愛知学園の経営にも触れておく必要があると思われるが、ここでは紙面の都合上、概観するにとどめる。

(1) 愛知学園の概要

愛知学園は、1908(明治41)年10月に旧刑法の改正と感化法の一部改正の公布により感化院設置義務が生じたため設立された。戦前までの主な歩みを『愛知学園年報』を手がかりにみると[7]、愛知学園が移転を終えた1925年頃に園長の伊東思恭による経営方針が確立したと把握することができよう。

初代園長の伊藤の感化教育思想は、ヨーロッパ中でもイギリスやドイツの感化法に影響されており[8]、さらに、「マサチューセッツ、ウェストポーカー州立感化院のあった時代にアメリカにわたり、見学、勉学されている」[9]点より、欧米の感化教育法の影響下にあったととらえる

ことができる。

（2）児童研究所の運営

(a) 目的

1925(大正 14)年刊行の愛知県社会課『愛知県社会事業年報』によれば、愛知県児童研究所の設立趣意がまとめられている。それは、「広く児童の精神身体並に環境に関し学術的の調査研究を行ひ児童保護に関する知識の普及を図ると共に必要なる保護施設を為し、一般並に個々の児童の福利を増進せしむる目的を以て本県に於ては本年四月一日名古屋市覚王山日暹寺境内に愛知県児童研究所を設けた。蓋し愛知県の誇りとすべき施設であり、従来の児童保護事業に一大炬火を投じたものであって」(10)となっている。

(b) 事業

事業は次の３つの取り組みからなっている。

ア．児童ニ関スル学術的ノ調査研究—心理学的調査研究、医学的調査研究、社会的調査研究

イ．児童保護ニ関スル智識ノ普及—児童保護専門家ノ養成、一般ニ児童保護ニ関スル智識ノ普及

ウ．児童保護事業ノ実施—児童相談事業、林間・臨海学校・児童保養所、低能児劣等児ニ対スル教養保護施設、優秀児に対する教養保護施設

さらに、それぞれの事業概要について 1925(大正 14)年から 1930(昭和 5)年までを順にみていくと次のようである。

ア．児童ニ関スル学術的ノ研究並に調査

[1925 年]

（ア）団体的智能検査材料の作製並に其の標準化

（イ）智能程度の表現方法につき精神年齢、智能率及び百分段階法等の

46

　　　欠点を明らかにし新たに標準偏差値による方法を採用す
（ウ）名古屋市内小学校、中学校、女学校、感化院等の児童、生徒、巡査、
　　　消防手、店員、職工、女工等の智能程を測定す
（エ）一般学力検査材料の作製並に其の標準化
（オ）名古屋市内小学校感化院児童の学力程度を測定す [11]

[1926年]
（ア）握力の測定、（イ）人物画による幼児の智能測定、（ウ）低能児の意義、
（エ）学級編成の原理 [12]

[1927年]
（ア）親の職業と其子の智能、（イ）聾児の智能、（ウ）被験者人員と其信
頼性、（エ）道徳的判断検査、（オ）環境と不良性、（カ）家庭的状況の測定、
（キ）図示式操行評定法 [13]

[1928年]
（ア）立方体構図テストの標準化、（イ）運動調節能力テストの標準化、（ウ）
形体テストの標準化、（エ）カード分類テストの標準化、（オ）A式個別
智能検査法（幼児用）の標準化、（キ）拇指上位方向と左利及書方能力と
の関係、（ク）立方体構図テストに依る聾児普通児の智能比較、（ケ）運
動調節能力に於ける聾児普通児の比較、（コ）道徳的判断力に於ける聾
児育児不良児及普通児の比較、（サ）不良児の智能、（シ）幼児に於ける
智能検査及身体検査、（ス）抽象的智能及具体的智能の相関的研究、（セ）
握力体重及充実度と意志力との関係、（ソ）血液型に依る気質の判定、（タ）
乳児栄養法の変遷、（チ）含鉛白粉の一新鑑別法補遺 [14]

第 3 章　大正末期における愛知県児童研究所の役割　47

[1930 年]

（ア）血液型に基づく個性型の研究、（イ）興味型検査法の標準化、（ウ）本能観察法の標準化、（エ）興味型による個性型の診断、（オ）児童希望職業の発達的研究、（カ）児童の趣味娯楽と興味型との関係、（キ）不良児の興味型特色、（ク）聾児の興味型特色、（ケ）小児身体の発育に及ぼす季節的影響、（コ）小児栄養指数の季節的変化、（サ）百日咳の一新特効的療法、（シ）小児身体検査法の基礎、（ス）不良児に於る先天黴毒並に其治療、（セ）精神薄弱児の環境的諸条件の調査報告、（ソ）不良児の環境的諸条件の調査報告 (15)

　すなわち、知能検査法の標準化を 1928(昭和 3) 年に主に行っており、不良児に始まり、聾児や低能児・「精神薄弱児」の調査を中心にこの間の事業を実施してきているとみることができる。

イ．児童保護ニ関スル智識ノ普及

[1925 年]

（ア）愛知県社会事業協会機関雑誌『共存』ニ従来調査研究シタル結果ノ一部ヲ発表ス（イ）県下三市ノ職業紹介所ノ需メニヨリ講演ヲナス (11)

[1926 年]

（ア）講演名古屋市 6 回、一宮市 4 回、中島郡 2 回、（イ）出版刊行物『児童相談綱要』『愛知県児童研究所紀要』児童保護叢書（『生れつきに応じた児童の教養法』『子供の癖のなほし方』）(12)

[1927 年]

（ア）講演名古屋市 6 回、豊橋市 2 回、岡崎市 1 回、一宮市 1 回、知多 1 回、碧海 1 回、幡豆 1 回、東加茂 1 回、宝飯 1 回、渥美 1 回、（イ）出版刊行物『愛知県児童研究所紀要第二輯』訪問の栞『母の心得』『子供の正

常発育』『授乳の心得』『名古屋市内長期欠席児童分布図』、児童保護叢書第四編『産前産後の心得』第五編『職業指導』第六編『玩具と絵本』『学科試験の原理』⁽¹⁶⁾

[1928 年]

(ア) 講演並に講習会名古屋市 7 回、東春日井郡 4 回、中島郡 3 回、知多郡 1 回、渥美郡 2 回、幡豆郡 1 回、海部郡 1 回、(イ) 出版刊行物『愛知県児童研究所紀要第三輯』訪問の栞『乳児を持つ母の心得』『白粉の選択に就て』『牛乳の与へ方』、児童保護叢書第七編『新しい見方の子供の賢愚』第八編「医師にかかる迄の注意」⁽¹⁴⁾

[1930 年]

(ア) 講習・講演・放送名古屋市 39 回、一宮市 4 回、岡崎市 1 回、海部郡 8 回、中島郡 5 回、丹羽郡 2 回、知多郡 2 回、碧海郡 2 回、額田郡 2 回、宝飯郡 2 回、東春日井郡 1 回、JOCK2 回、(イ) 出版刊行物『愛知県児童研究所紀要第五輯』児童保護叢書第十一編『子供の不良化と親の注意』、第十二編『家庭看護法』⁽¹⁵⁾

　愛知県児童研究所編集の『愛知県児童研究所紀要』の各輯の雑録彙報

表 13 相談内容とその件数 (1925 年〜 1930 年)

相談内容	1925 年	1926 年	1927 年	1928 年	1929 年	1930 年
学校選択ニ関スル相談	6 人	23 人	50 人	44 人	54 人	46 人
職業選択ニ関スル相談	348	21	11			
教育ニ関スル相談	1628	3308	907	579		
母性及妊産婦相談		2				
健康ニ関スル相談		195	556	781	511	1015
智能ニ関スル相談		23	105	991		
不良児ノ精神鑑別		17	43	36	50	37
教養相談				498	185	178

　(『愛知県児童研究所紀要』『愛知県社会事業年報』より作成、不明確な相談内容は斜線で示した。)

欄には「愛知県児童研究所沿革」が所収されている。この沿革欄も参考にしてみると、名古屋市だけでなく愛知県下の各市郡において講習会を開催していることがわかる。さらに、児童保護叢書を初め多くの刊行物を出版し、児童保護活動を実践していたといえる。

ウ．児童保護事業ノ実施

　愛知県児童研究所に寄せられた相談件数を表13にまとめてみた。

エ．経営

　1925年4月1日開設、愛知県経営主体、名古屋市東区田代町覚王山日暹寺境内、所長・丸山良二(1927年9月〜)、石川七五三二(1928年6月〜)、技師・技手・書記の職員[17]

オ．『愛知県児童研究所紀要』の刊行

　詳細な内容は第4章にまとめておいた。研究の特徴として、丸山は「調査研究(調査及保護)」を、石川は「心理学的研究」欄で研究を報告している。なお、「医学的研究」欄では佐々木鶴二の論述も数多く見ることができる。知能の測定についての論文はもちろんのこと、貧困児の個別調査や長期欠席児童調査、不良児や「精神薄弱」児の環境的条件に関する研究など名古屋市・愛知県という地域のかかえる児童問題を客観的に明らかにしようとした点では研究所の機能を十分に発揮していたととらえることができる。

第3節　おわりに

　本章では、大正末期から昭和初期にかけての愛知県児童研究所の活動を中心に検討してきた。この時期を対象とした理由は、劣等児の「個別学級」がこの時代に開設されており、劣等児や「精神薄弱」児への対応が当時どのようになされていたかを総合的に明らかにしようという研究課題が念頭にあったからであり、また、1937(昭和12)年に開設された

県下で最初の「精神薄弱」児施設八事少年寮が、単に園内での治療教育に終始するだけでなく愛知県下に相談活動を積極的に繰り広げるという事業を行っており、その八事少年寮開設以前にはこうした地域のニードを解決する機関があったのかどうかという問題意識もあったからである。

[注]
(1) 藤井力夫「大阪市における精神薄弱児『特別学級』の成立過程—天保八年より昭和五年まで—」(精神薄弱問題史研究会『精神薄弱問題史研究紀要』、第5号、pp.30～43、1977年)。
(2) 『感化教育の栞』(附愛知学園教育施設概要、p.15、1930年)。
(3) 愛知県『愛知学園児童鑑別所彙報第一回』、p.91、1925年。
(4) 前掲(3)p.59。
　　感化教育の対象児をめぐって、広狭の意義に解する見解がある。たとえば、加藤成俊は「不良少年の不良の意味を広く取りて、身体上、知識上、道徳上不良とせば、感化教育の客体の範囲の中に、盲、啞、聾児、不具児、低能児、白痴児迄も含有して来る」(『感化教育之研究』、p.11、1915年、日本学術普及会)と把握している。
(5) 丸山良二「不良児童の調査」(『教育心理研究』、第四巻四号、pp.283～294、1929年)。
　　丸山良二『教育心理学』、pp.494～500、1933年、建文館。
(6) 愛知県社会課『愛知県社会事業要覧』、p.96、1925年。
(7) 『愛知学園年報』、1969年版、1974年版。
(8) 伊東思恭『欧米不良少年感化法』(1903年、沙村書房発行)に、イギリス感化院の歴史及びイギリス感化学校法などを紹介している。『欧米不良少年感化法第二編』(修道園発行)は続編であり、その他伊東は『感化術』(修道園発行)などの著書がある。
(9) 加藤宏明「むかしといま」(『愛知学園年報』、p.88、1974年)。
(10) 愛知県社会課『愛知県社会事業年報』、p.19、1925年。
(11) 前掲(10)p.20。
(12) 愛知県社会課『愛知県社会事業年報』、p.10、1926年。
(13) 愛知県社会課『愛知県社会事業年報』、p.9、1927年。
(14) 愛知県社会課『愛知県社会事業年報』、pp.8～9、1928年。
(15) 愛知県社会課『愛知県社会事業年報』、pp.25～27、1930年。
(16) 前掲(13)p.10。
(17) 「愛知県児童研究所職制」1927年9月2日県令第84号改正に基づく。

第4章　愛知県児童研究所紀要にみられる障害児記録

第1節　はじめに

　筆者は、障害児教育福祉史研究として、『障害児教育福祉の歴史—先駆的実践者の検証—』(2014年、三学出版)、『障害児教育福祉史の記録—アーカイブスの活用へ—』(2016年、三学出版)を刊行した。そこでは、人物史研究と資料保存を試みた。また、地域史研究として、『名古屋教育史Ⅰ—近代教育の成立と展開—』(2013年、名古屋市教育委員会)、『名古屋教育史Ⅱ—教育の拡充と変容—』(2014年、名古屋市教育委員会)、『名古屋教育史Ⅲ—名古屋の発展と新しい教育—』(2015年、名古屋市教育委員会)、『名古屋教育資料編—資料でたどる名古屋の教育—』(2016年、名古屋市教育委員会)の中で、明治末期から今日に至るまでの名古屋市の障害児教育の変遷をまとめた。

　本章は、後者の地域史研究のカテゴリーに属し、愛知県児童研究所紀要を手掛かりに、障害児の記録がどのようになっているかを明らかにすることを目的とする。対象とする時期は、1926(昭和元)年から1931(昭和6)年である。本書の第3章では研究所の果たした役割を述べたが、本章では障害児への対応に焦点をあてて整理してみた。

第2節　研究所設立時の全国的な背景

　著名な社会事業史・社会福祉史研究者であった吉田久一は、大正末期の時代の特徴として、「児童保護の処遇や研究・相談、あるいは連絡事業がさかんになった。東京府児童研究所をはじめとする研究所や相談所の設立・・・(中略)・・・不良児・浮浪児・教養放棄児・不就学児等々の要保護児童の調査や保護、あるいは一般的調査を」実施するようになってきたと指摘している。[1]

また、「日本資本主義危機下の社会事業対象とは、近代社会が動揺しはじめ社会問題が質量ともに大きくなった大正後半期から始まっている。」[2] 児童問題が単に個人の理由から生じているのではなく、社会の問題として生じてきて、その対象となる児童のいろいろな問題を解決するという児童問題の見方の変化により「慈善救済事業の段階から社会的制度体系、専門的・科学的な実践への社会事業の発展」[3] が起こった。この変化を受けて、この頃に創設された全国の研究所は、その位置づけが変わりつつあったと考えられる。

第3節　児童研究所紀要 (目次) にみられる障害児記録の位置づけ

　紀要は、第1輯(1926年)、第2輯(1927年)、第3輯(1928年)、第4輯(1929年)、第5輯(1930年)、第6輯(1931年)の計6冊が刊行されている。第1輯から第3輯までは、①調査研究(丸山良二による)、②児童保護、③解説評論、④雑録彙報から、第4輯から第6輯までは、①心理学的研究(石川七五三二による)、②医学的研究(佐々木鶴二による)、③調査及保護、④雑報及紹介から編集されているのが特徴である。[4] なお、その後は愛知県からの研究所への予算が削減されたことを理由に廃刊となっている。[5]

　目次をまとめると以下のようである。

【第1輯】
　調査研究
　　一般智能検査法
　　団体智能検査の構成と其の妥当性
　　性別より見たる一般智能代表値の設
　　定
　　智能程度の表現方法
　　偏差値による智能評価の方法

【第2輯】
　調査研究
　　採点法に関する一考察
　　親の職業とその子の智能
　　低能児の意義
　　学級編制の問題
　　幼児の精神能力の測定
　　幼児の智能の測定

智能検査値の恒常性
尋常小学校児童の智能
一般智能と職業
智能優劣児童数の割合
一般学力検査法
学力の測定
解説評論
動作検査の提要
雑録彙報
愛知県児童研究所に就いて
愛知県児童研究所沿革

握力の測定
児童保護
個別保護の一例
貧児の個別調査
解説評論
貧困児について
ポーチユース迷図検査
雑録彙報
愛知県児童研究所職制
愛知県児童研究所沿革
お知らせ

【第3輯】

調査研究
智能偏差値の恒常性に関する研究
総合智能検査の内的相関関係
不良児童の学習効果線
聾児の智能
被験者人員と代表値の信頼度
環境と不良性
図示式操行評定法の妥当性
不良児童の操行測定
操行の自己評価
操行評定に於ける判定の一致度
名古屋市に於て販売されつつある白粉の含鉛調査成績
含鉛白粉の簡易なる一新鑑別法に就て
児童保護
名古屋市内長期欠席児童調査
名古屋市に於ける工場労働児と少年労働の社会学的考察
個別的指導の一例
不具児童の保導
乳幼児保護の一例
解説評論
精神的測定の基点と単位
学科試験の原理
精神測定の発達
精神測定学年表
雑録彙報
お知らせ

【第4輯】

心理学的研究
立方体構図テストの標準化・信頼度及妥当性
形体板テストの標準化・信頼度及妥当性
運動調節能力テストの標準化・信頼度及妥当性
カード分類テストの標準化・信頼度及妥当性
Ａ式個別智能検査法の標準化・信頼度及妥当性
拇指上位方向と左利及両手作業との関係
握力・体重及充実度と意志力との関係
智能検査及身体測定に於る相関的件研究
我国児童の智能的特色
不良児の智能的特色
実演的智能検査法に於る聾児普通児の比較
運動調節能力に於る聾児普通児の比較
聾児・盲児・不良児及普通児に於る道徳的
判断力比較
医学的研究
乳児栄養法の変遷
含鉛白粉一新鑑別法補遺
調査及保護
少年不良化の径路

第 4 章　愛知県児童研究所紀要にみられる障害児記録　55

県下小学校に於る要保護児童調査
乳幼児の保健
雑報及紹介
愛知県児童研究所職制
沿革概要
事業概要
紹介

【第 5 輯】
心理学的研究
　Ａ式団体智能検査法の標準化
　幼児発音検査法の標準化
　幼児語彙検査法の標準化
　言語の発達と環境的条件
　発音発達の分析的研究
　語彙発達の分析的研究
　握力の季節的変化
　抽象的智能と具体的智能との相関的研究
　運動調節方向困難度の研究
　実演的智能検査法の速度及正確度に於る聾児普通児の比較
　聴力に於る不良児普通児の比較
医学的研究
　小児に於る血液学的検査の基礎(一)
　身体発育係数の批判
調査及保護
　智能発達と出生的諸条件との関係
　智能発達上より観たる既往史の調査
　健康相談上より観たる乳幼児の保健
雑報及紹介
　沿革概要
　事業概要
　紹介

【第 6 輯】
心理学的研究
　血液型に基く個性型の研究(第一報)
　興味型テストの標準化
　興味型テストによる個性型の診断
　児童の趣味娯楽と其興味型
　得意学科と興味型との関係
　本能観察法の標準化
　本能の発達的研究
　職業的希望の発達的研究
　希望職業と興味型との関係
　興味型に於る聾児普通児の比較
　興味型に於る不良児普通児の比較
医学的研究
　血液検査法に於る余の一新核推移度係数の臨床的価値
　児童の身体発育に及ぼす季節的影響に就いて
　乳幼児の身体検査の基準
　百日咳の一新療法
　不良少年の研究(予報)
　不良少年に於る先天梅毒
　栄養指数の季節的動揺に就いて
　健康相談所報告
調査報告
　精神薄弱児の遺伝的環境的条件の調査
　不良児の環境的条件の調査
雑報紹介
　沿革概要
　事業概要
　紹介

障害児に関わる特徴的事項については以下のように指摘できよう。

事業の児童に関する学術的な調査研究の分野において、1928(昭和3)年を中心に知能検査法の標準化に関する研究が幾編かみられる。また、対象となる児童は不良児に始まり、聾児や低能児や精神薄弱児の調査が行われている。

事業の児童保護に関する智識の普及の分野において、各種の相談内容がある中で、智識に関する相談、不良児の精神鑑別に関する内容が数多くあることは特徴である。

さらに、知能の測定についての研究(所長であった丸山良二と石川七五三二による知能検査の研究)がかなりを占めるほかに、貧困児の個別調査、長期欠席児童調査、不良児や障害児の環境的条件に関する研究が所収されている。[6]

第4節　障害児の記録

①知能の優れた児童と劣った児童の人数割合について、丸山は「智能検査の他に余は小学校教師の評価による方法を試み」として、客観的測定・短時間の実験観察と主観的判定・長年月の観察の両者は相補的であり、この2方法の結果は「略相一致」として同数であることを主張している。[7]

②その一致の見解について、低劣児の割合は6.68%占めるとしている。「理論上最下智階級のものは0.62%で下智のものは6.06%である。従って低能と劣等とを合すれば6.68%となる。教師の判定による低能児と劣等児との合計数は、よくこの数と一致している。」[8]

③低能児への現行の国定教科書利用について愛知県下の尋常小学校へ質問調査をしたところ「程度の低い特別の国定教科書の編纂発行を望むが93.2%」という結果を得て、低能児の学習能力に応じた教科書の必要

性を指摘している。[9]

④愛知学園の児童の操行特徴を明らかにした上で、「感化院に於ては、小学校と異る特別の教科課程及び教科書の編纂を必要とするといへる」としている。[10]

⑤名古屋市内の長期欠席児童の実態は、「低能が一学年に特に多いのは就学免除又は就学猶予の届出を怠って居る為め」とし、その理由として低能、精神低格、盲目、聾唖の障害もあげている。また市内の分布図を作成する中で、奥田町、羽城町、日置町、平野町に多くいることを指摘している。そして、この長期欠席対応のひとつとして、「画一的教育制度を分化し・・・相違を有する児童の各群に対して、適応せる教育機関」として、低能児に対する個別学級の設置を訴えている。[11]

⑥愛知学園での不良児を対象に、1925(大正14)年9月から1929(昭和4)年3月にかけて久保式ビネー検査によって知能類別をした結果、「概括的なる結論として、低能児に属すべき者が約五分の一、劣等児に属すべき者が五分の三」として、不良児と低劣等児の数的関係を明らかにした。[12]

⑦聾児の知能分布について形體板テストと立方體テストによって調査した。[13]

⑧道徳的判断力の差異について、「普通児は最も優秀であり、不良児及盲児が之に次ぎ、聾児は最も劣る」として、この原因にあたっては「一面その智能的差異に帰着せしめらるべきものであると同時に、他面その環境的影響によって陶冶せらるゝところ」と指摘している。[14]

⑨名古屋市内の児童を対象にして、「精神薄弱者の多数が長じて不良少年となり、遂には犯罪者となることは多くの学者の認めるところである」と不良児と知能の関係を述べている。そして、「学校教育が不良少年を作り出すことは多く、画一教育の弊即ち小学校に於る学級編制なるものが智能、学力年齢、健康に就いて各自を考慮した上で行われてゐる

のではなく、・・・劣等なる児童は学業に対する興味を失ひ、叱責のみ
されたるため出席を厭ひ、登校を装って遊びにふけり、次第に悪事をな
すに至る者あり、なほ教師の人格の低劣から少年を不良化する場合も亦
少なからずあること、思ふ」と個別の配慮がなされていない教育のあり
方を問題視している。(15)

⑩不良児、低能児、不具児、貧困児、被虐待児の学校在籍数と比率を
愛知県下の市郡別にまとめている。その上で、「各要保護児童別に之を
纏めるならば、低能児が最も多く不良児之に次ぎ、貧困児、不具児がそ
の次の段階に位し、被虐待児が最も少ない」としている。県下小学校で
の「低能児及び不良児の保護誘導が獨り教育社會の問題たるのみならず
社會全般の一大問題として慎重に考慮せられ、速やかにその對策を講じ
られなければならぬ」と結論づけている。(16)

⑪知能と聴力との間には密接な関係があり、「不良児の聴力の低劣な
る一原因はその智能の低劣なる所に存する」と指摘している。(17)

⑫児童の知能の発達は遺伝又は出生の諸条件に多くの影響を受けてい
ることを調査から明らかにしている。「父母の年齢が餘りに若年である
場合及び老年である場合、その子供の智能の劣る事が示されてゐる。」(18)

⑬研究所の1930(昭和5)年7月までの相談票の記録を分析して、知
能発達と栄養法との関係、知能発達と胎生期との関係(早産と熟産、妊
娠中及出産時異常の有無)、知能発達と初言期との関係、知能発達と歩
行期との関係、知能発達と離乳期との関係、知能発達と飲酒との関係を
述べている。(19)

⑭1931(昭和6)年愛知学園70名の不良児を対象に調査し、環境の
調査(入園前の保護者、父母の存否、保護者の職業、保護者の経済状況、
出生別、父母の教育程度)、遺伝関係(血族結婚、父の飲酒量、犯罪の
有無、精神病者の有無、低能者の有無、不品行者の有無)、不良化に関
する調査(不良化の原因、入園の動機となる犯罪と年齢、出生時の父母

の年齢との関係、同胞数と出生順位との関係)、幼年時代に於る調査 (妊娠中及び出産時の状況、栄養法、言語の発達及び歩行期)、学業調査(学歴、転校回数、交友、学科成績)、不良児童の智能、血液型、遺伝梅毒陽性率、性行気質についてまとめている。「智能は平均最下智 44.1%、下智 27.9% にして智能一般に著しく低し」としている。[20]

⑮ 1928(昭和 3) 年から 1931(昭和 6) 年に至る 4 年 7 ケ月間における教育相談者のうち、知能段階が最下智と評価された者のみを対象に、遺伝的関係、既往症、環境的諸条件について調査した。精神薄弱が両親又は祖父母からの遺伝によって起こる場合が多いこと、また環境的諸条件としては生後の疾病や栄養法に原因があると述べている。[21]

上記の内容からすると、研究所の所長であった丸山や石川のほかに、神谷、島田、川村、亀岡、佐々木らによっても関係記述がなされている。同紀要は心理学見地からの記述がかなりの割合を占めるものの、調査対象を県下の小学校に求めたことから、教育のあり方についても言及している点は見落とせない。低能児への個に応じた指導体制の確立に触れているところは当時の教育界に新風を吹き込むものであったと言える。

さらに、障害児についての記述では、研究所が愛知学園という感化院に併設されていたことで不良児との関連が多くみられる。名古屋市内のスラム街での長欠児との関連を取り上げている点で、広く児童問題を扱おうとしている姿勢を読み取ることができる。

知的発達の遅れとして、単に生来的な見解に留まるのではなく、環境的な条件から理解しようとした点には注目できよう。

障害の種類については、知的障害のほかに、聴覚障害、視覚障害への言及がある。

第5節　研究所の主な沿革

【　1925 年　】
丸山良二が事務嘱託に就く
開所式の挙行 (10 月 19 日)
愛知県児童研究所職制の公布
名古屋市船方尋常小学校で児童相談の開始　など

【　1926 年　】
内務省関係者の視察
留岡幸助、富士川游の来所
愛知県教育会より保育講習会の実施
児童相談綱要の作成
名古屋市俵小学校母姉会、名古屋柳城幼稚園の依頼により講演の実施
児童相談を研究所内と松坂屋内での出張とする　など

【　1927 年　】
名古屋市立盲啞学校、一宮市第一・第二・第三・第四小学校の依頼に
より講演の実施
名古屋柳城幼稚園附属保母養成所の依頼により講演の実施
全日本心理学大会において研究発表
愛知県国府高等女学校の依頼により講演の実施
訪問の栞の刊行　など

【　1928 年　】
岡崎市、一宮市、豊橋市、渥美郡、東加茂郡、西尾町、海部郡、中島

郡、東春日井郡、碧海郡の依頼により講演の実施

名古屋市内長期欠席児童分布図の刊行

名古屋市田代尋常高等小学校で「教育効果の測定」の研究発表

個性尊重職業指導講習会で「個性調査法」の講演の実施

石川七五三二が技師兼所長就任

愛知県保育会の依頼により講演の実施

関西応用心理学大会で研究発表

名古屋市三蔵小学校父兄会の依頼により講演の実施　など

【　1929 年　】

丹羽郡千秋村第二尋常小学校母姉会の依頼により講演の実施

名古屋保育会の依頼により講演の実施

名古屋母の会の依頼により「精神薄弱児の指導法」の講演の実施

筒井昭和母姉会、大曽根・六郷父兄会の依頼により講演の実施

名古屋市高岳小学校、名古屋市松若幼稚園、名古屋市御東幼稚園の依頼により講演の実施

神戸小学校研究会の依頼により「入学児童考査法並に劣等児の指導法」の講演の実施

蘇鉄町、丹羽郡、額田郡、瀬戸共存園の依頼により講演の実施

犬山尋常小学校、名古屋市門前、日置、筒井、葵小学校、名古屋瑞穂幼稚園の依頼により講演の実施

関西保護児童研究会、名古屋婦人会の依頼により講演の実施　など

【　1930 年　】

名古屋市南久屋、海部郡弥富小学校、津島町第一小学校、蟹江小学校、十四山村小学校、南陽尋常小学校、丹羽郡千秋第一尋常小学校、中島郡奥町小学校、西春日井郡豊山尋常高等小学校、知多郡半田小学校、一宮

市第二尋常高等小学校、名古屋市第二幼稚園の依頼により講演の実施

　海部郡第二部教員研究会、名古屋市女教員会、宝飯郡中部教育会、東春日井郡西北部教員会、中島郡北部教員会、丹羽郡南部教員会の依頼により講演の実施

　金城女子専門学校の依頼により「児童保護」の講演の実施　など

第6節　おわりに

　障害児の記録の総括として、その時期の視座、貧困が底流にある視座、他の児童問題との関連性の視座、教育や福祉への繋がりの視座 (幼稚園、学校、県内の各地、父母会、保育会、教育会など) が導かれるのではないかと考える。

　愛知社会福祉史研究会が 2017(平成２９) 年５月に発足したが、その発会の場で会長の永岡正己は資料として「愛知県社会福祉史の主な研究領域」を配布した。[22] その中でも研究領域の全体にわたって丁寧にまとめられているのが、上記の視座に関連する指摘である。

〔注〕

(1) 吉田久一・高島進『社会事業の歴史』、p.220、1964 年、誠信書房。

(2) 吉田久一『昭和社会事業史』、p.35、1971 年、ミネルヴァ書房。

(3) 永岡正己「第一次世界大戦後の社会と社会事業の成立」(菊池正治・室田保夫『日本社会福祉の歴史　付・史料』、p.98、2003 年、ミネルヴァ書房)。

(4) 小川英彦「愛知県における児童問題史研究—関係史資料目録の作成 (第 1 報)—」(『子どもと福祉』、Vol.2、2009 年、pp.105 ～ 111)。

(5) 永岡正己「愛知県における社会事業行政の成立—故・三上孝基氏インタビュー記録—」(日本福祉大学社会福祉学部・日本福祉大学福祉社会開発研究所『日本福祉大学社会福祉論集』、第 114 号、p.124、2006 年)。

(6) 小川英彦「愛知県における知的障害問題の成立に関する研究」(社会事業史学会『社会

事業史研究』、第 26 号、pp.131 〜 141、1998 年)。

(7) 丸山良二「智能優劣児童数の割合」(児童研究所紀要、第 1 輯、pp.167 〜 172、1926 年)。

(8) 丸山良二「低能児の意義」(同紀要、第 2 輯、pp.21 〜 31、1927 年)。

(9) 丸山良二「学級編制の問題」(同紀要、第 2 輯、pp.32 〜 50、1927 年)。

(10) 丸山良二「不良児童の学習効果線」(同紀要、第 3 輯、pp.16 〜 29、1928 年)。

(11) 島田教治「名古屋市内長期欠席児童調査」(同紀要、第 3 輯、pp.151 〜 167、1928 年)。

(12) 石川七五三二「不良児の智能的特色」(同紀要、第 4 輯、pp.292 〜 310、1929 年)。

(13) 石川七五三二「実演的智能検査法に於る聾児普通児の比較」(同紀要、第 4 輯、pp.311 〜 328、1929 年)。

(14) 石川七五三二「聾児・盲児・不良児及普通児に於る道徳的判断力比較」(同紀要、第 4 輯、pp.336 〜 364、1929 年)。

(15) 神谷みち子「少年不良化の径路」(同紀要、第 4 輯、pp.383 〜 434、1929 年)。

(16) 河村とみ「県下小学校に於る要保護児童調査」(同紀要、第 4 輯、pp.435 〜 451、1929 年)。

(17) 石川七五三二「聴力に於る不良児普通児の比較」(同紀要、第 5 輯、pp.282 〜 291、1930 年)。

(18) 神谷みち子「智能発達と出生的諸条件との関係」(同紀要、第 5 輯、pp.387 〜 400、1930 年)。

(19) 亀岡一郎「智能発達上より観たる既往史の調査」(同紀要、第 5 輯、pp.401 〜 427、1930 年)。

(20) 佐々木鶴二「不良少年の研究」(同紀要、第 6 輯、pp.531 〜 559、1931 年)。

(21) 神谷みち子「精神薄弱児の遺伝的・環境的条件の調査」(同紀要、第 6 輯、pp.581 〜 605、1931 年)。

(22) 永岡正己「愛知社会福祉史の主な研究領域」(愛知社会福祉史研究会での配布資料、2017 年)。

64

第 5 章
戦後初期における名古屋市精神薄弱児学級の成立

第1節　　はじめに

　障害児問題史研究における地域史研究の研究動向を日本特殊教育学
会の『特殊教育学研究』(第25巻〜第29巻) によると、1987年から
1991年までの5年間に少なくとも33編の地域史研究を見出すことがで
きる [1]。さらに、障害児教育学研究会が1988(昭和63) 年に発表した「障
害児問題史研究の動向と課題」という論文によると、「障害者問題史研
究の中で地域史研究の占める割合は「5〜7%である」という結果が述
べられている [2]。

　ところで、筆者が先に名古屋・愛知における戦前の障害児問題の成立
過程を考察したところ、「学校教育」と「福祉」の潮流に大別できた。
学校教育の潮流に属する学校 (学級) 史では、1922(大正11) 年から名
古屋市内で開設されていった「個別学級」の検討を行った [3]。施設史で
は、1937(昭和12) 年に愛知県内で最初に設立された精神薄弱児施設「八
事少年寮」(杉田直樹園長) を検討した [4]。

　これら一連の研究を進めた結果、第1に「個別学級」や「八事少年寮」
が昭和20年代に名古屋市立の旭白壁小、菊井中、幅下小で開設された
精神薄弱児学級にどのようなプロセスによって連続・非連続していくの
かを検証しなければならいという研究課題を持つに至った。

　第2に旭白壁小、菊井中、幅下小の先駆的な精神薄弱児学級に関して
は、愛知県教育委員会刊行の『愛知県特殊教育の歩み』(1977年) の著
者の中に学校名と若干の取り組みを見る程度で、学級が開設されるまで
の過程 (要因)、対象児童、教育方針・目標、教育課程、抱えた問題点
の詳細な記述は出てこない。これは資料が発見・整理されていないため
であると考えた。そこで、本章では第2点に着目して、新たな資料を見
つけることで3つの学級の実態解明に迫ろうとしてみた。その実態を①

第5章　戦後初期における名古屋市精神薄弱児学級の成立　67

成立過程、②教育内容、③抱えた問題点より考察し、先駆的な3つの精
神薄弱児学級のもつ共通点、相違点を指摘することを研究目的とする。

第2節　　旭白壁小の「福祉教室」での取り組み

(1) 精神薄弱児教育への胎動

　旭白壁小の「福祉教室」が開始される1948(昭和23)年当時の「八事
少年寮」の精神薄弱児への取り組みをみると、園長である杉田直樹(名
古屋大学医学部教授)をはじめ、杉田稔(名古屋大学医学部学生)と武
田公雄(名古屋大学精神科研究生)らを中心にして、「知能指数五十程
度以上〜七十程度の児童十数名で学級を編成し、国語、算数、理科教育
を」[5] 行っていた。そして、この頃の「八事少年寮」の対象である浮浪
児や孤児や非行児の中に精神薄弱などの障害を有する児童が含まれてい
たことが示しているように、当時の児童問題をめぐっては「疎開学童問
題、乳幼児問題、精神異常児問題、戦災浮浪児問題、戦災孤児問題(引
揚孤児問題も含む)、少年教護問題」[6] が山積していたのである。

　だからこそ、杉田直樹を中心にして名古屋大学医学部精神科内に組織
された「集団会」ではこうした児童問題解決に向けての方策を取り上げ
たり、「愛知県特殊教育研究会」を開催するよう呼びかけたのである。
この「愛知県特殊教育研究会」(杉田直樹会長、橋本為次富士中学校長・
副会長／名古屋大学医学部精神科事務局)は、その活動として岸本鎌一
の「特殊教育について」や武田公雄の「知能検査法について」という講
演会を1948(昭和23)年から1949(昭和24)年にかけて愛知県内の各地
で実施していった。加えて、この時期に県内の小中学校で行われた知能
検査結果を集約して、知能指数の分布状態を明らかにし、精神薄弱児教
育の対象児童数を算出した。

　こうした「八事少年寮」での実践と「愛知県特殊教育研究会」の啓蒙

普及活動が旭白壁小の「福祉教室」をはじめ、戦後の名古屋市における精神薄弱児学級の開設に多大な影響を与えたことを軽視するわけにはいかない。特に「八事少年寮」園長であり、「愛知県特殊教育研究会」の発起人にあたる杉田直樹の尽力が、名古屋市の精神薄弱児教育発展の礎石を形成していったと考えられる [4]。

(2)「福祉教室」の開級

開級の主旨について少し長くなるが引用すると、「すべての國民がその能力適性に應じて等しく教育が受けられ又すべての児童が等しくその生活を保障せられて愛護されねばならないことは新憲法並に児童福祉法が明示している所である。吾々はこれに基いてこの目的をかなえる為、その成長と発達を指導し見守らねばならない責任を負っている。最近児童福祉運動は、とみに活溌となり児童の福祉は日々に揚進されつゝあるが一面学校に於て一人の所謂『忘れられた子』は居ないであろうか。本校に於ては、つとにこれに目をつけて、これら教室の一隅に忘れられた可憐なる精神薄弱児の特別教育乃ち『福祉学級』の経営を創めた」[7] とある。この主旨からは第1に、1947(昭和22)年12月に公布された児童福祉法の精神を貫徹すべきという当時の時代背景を読み取ることができる [8]。第2に、担任となる桑原博の田村一二の『忘れられた子ら』(1942年刊行)の先行実践を拠り所にしようとした教育観を知ることができる。

ちょうど 1948(昭和23)年時の旭白壁小は、6月1日に愛知県より第2次実験学校の指定を受け、新教育の研究実践(トライアウトスクールと称した)に取り組む時期に相当する。このトライアウトスクールの課題の中に、「教育の機会均等の立場から個人の能力に応じた教育を計画実施し、個性を伸ばし、学校生活を豊かな楽しいものにしてやりたい。児童の中でいちばん学校生活を楽しんでいないのは精薄児であろう。ま

ずここから手をつけよう」[9]と明記されていた。そして、精神薄弱児教育を開始するにあたり職員会議の討議で次の点が確認されていった。「①新しい教育観人間観児童観の立場から実践的な生活者の形成・心身の調和的發展をはかる。②機會均等(個人の能力に應じた教育)。③個性の發見助長をはかる。 ④學校生活を楽しませたい。⑤將來の自立をはかつてやる。⑥社會に對して少しでもプラスの働きをさせたい」[7]こうした「忘れられた子」をなんとか教育しなければならないという教師らの切実な願いが保護者の協力を促し、「福祉教室専用の予算も、PTA費の中に年間5万円という予算が組まれ」[9]たのである。さらに、実践の側面的援助として名古屋大学の堀要を中心とした医学的な助言や入級判別(週1回の定期的な派遣)が得られたことも開級への大きな誘因となっていたと考えられる。担任には桑原博のほかに富田艶子が抜擢され家庭的な雰囲気の下で学級経営がなされていった。

(3)「福祉教室」での実践

a. 対象児童

当初、「精神薄弱児、肢体不自由児、感覚器障碍者、身体虚弱者、孤児、引揚者、貧困児等」[7]と職員会議ではかなり広い範疇で対象児を考えていたようである.その後、幾度かの職員間の協議を経て「精神薄弱児」こそが最も救いの手を必要としているという結論に達してその教育に着手していったという経緯をみることができる.その「精神薄弱児」の特性を「①學校ではものを言わない. ②友達は一人もない. ③おずおずしているか石の様に無感覚。④教室では坐っているだけ。⑤一般に身体虚弱の障碍が多い。⑥一般に貧困」[7]とまとめている。

入級対象となった児童の選択にあたっては、「①各クラス担任の観察選択、②知能テスト(描画式テスト、B式團体テスト)ＩＱ70以下、③性格テスト(各クラス担任の観察法による)、④生育史・遺傳環境調

表14　知能テストの分布人数

IQ		人　数
85	～	9
70	～　84	2
55	～　69	2
40	～　54	3
25	～　39	3
計		19　人

査、⑤専門家の検診指導、⑥家庭との連絡・家庭の承諾、知能テストは後に更に低學年用甲式、乙式團体テスト、鈴木式個別テストを実施」[10]するという順を追って決定されていった。実際に入級した19人の児童の知能テスト(低学年乙式)の結果を表14に示した[11]。19人中ＩＱ70以上が11人占めていることから、「福祉教室」は促進学級的性格を有していたと把握することができる。

b. 教育方針と目標

「福祉教室」は、1948(昭和23)年に次のような教育方針と具体的目標を掲げ出発している。まず教育方針は、「社會性を養い天賦の個性を最大に発揮し獨立して生活し得る善良且健康な実践的活動的人間を育成」[12]することとなっている。また具体的目標は、「①社會性を養う、②健康な身体、③日常生活に對する良習慣、④根氣よく喜んで働く習慣態度、⑤社會生活をするために必要な最小限の基礎的技能獲得、⑥手の修練」[12]となっている。この教育方針と具体的目標は社会に適応できる人間育成、態度形成面が強調されているという特徴を指摘できる。

c. 教育課程

教育課程は、「心身の発達の特徴」と「社会機能の範囲」の二つの基礎条件をおさえて編成している。その「発達の特徴」は、「イ、知的方面(1)発達遅滞又は停止(2)思考、記憶、注意共に困難、ロ、情緒的な

生活 (1) 抽象性が乏しい (2) 未分化 (3) 固執 (4) 暗示性ハ、社会的方面 (1) 人格的、経済的に独立困難 (2) 新しい生活の場面への適應困難 (3) 断片的で統一がない (副次的行動が多い)(4) 職業的に不適應 (知的低劣、社会的不適應、身体的不適應、身体的障害)(5) 表現力の不完全 (言語、技能)」[13] となっている。また、「社会機能の範囲」は、「(1) 生命、財産及資源の保護保全、(2) 生産、分配、消費、(3) 交通、交際、運輸、通信、(4) 美的、宗教的欲求の表現、(5) 教育、(6) 厚生娯楽、(7) 政治」[14] となっている。この社会性を培う目的から教育課程の柱となっているのが表 15 に示した第 3 学年までの学力を形成させることをねらいとした「社会科作業単元」であった。また、表 16 の時間割があらわしているように社会科を中心に社会的な問題を学習する「中心学習」が位置づけられ徹底させようとする指導観が根底にあった。たとえば、「社会科作業単元」の一つである「楽しい学校」という学習案の内容は表 17 のようになっている。。ここでは社会科を中心に位置づけ、国語・算数・理科・音楽・図工・体育という各教科との関連性をもたせるといった「教科の統合」を求めた教育課程がすでにこの時に胚芽として編成されているのに注目できる。さらに、表 15 から明らかなように「社会科作業単元」は、学校行事や

表 15　社会科作業単元一覧

学期	第一学年		第二学年		第三学年	
	單元名	時間	單元名	時間	單元名	時間
1 学期			学級園	47	東山動物園	45
			遠足	30	電車ごつこ	43
			つよいからだ	38	七夕さま	27
2 学期	楽しい学校	40	私のもちもの	28	近所のくらし	35
	きれいなからだ	37	運動会	32	ゆうびんごつこ	40
	ま丶ごとあそび	38	お正月	55	配給ごつこ	40
3 学期	学校へ来る道	40	火の用心	20	丈夫なからだ	25
	お母さんの　　お手伝い	45	お店やさん	35	おひなさま	30
			植物園	30	わたしのうち	30

季節に有効な関連をもたせた点にも特徴があると思われる。

　「一日の学習予定」では、「技能の練習」といった時間が設けられ、読み書き計算の基礎学力形成の場にあてられていた。国語や算数は指導内容順を羅列配置した「能力表」に基づいて指導された。この「能力表」の内容や、6年間に小学校3年生までの知能を修め一応自立できる人間として卒業させようとする目的からして、やはり促進学級的性格といった特徴を知ることができる。さらに理科・体育・音楽・図工の教科には「単元表」「学習目標」が用意されていた。理科は月ごとに教材を配置する方法で、「一日の学習予定」の中では「自然と親しむ時間」で継続的な観察(年間70時間中33時間)、飼育が実践された[15]。体育は鬼あそび、リズム遊び、ボール遊びを中心に毎日行われた[16]。音楽はたとえば第2学年1学期の単元名「遠足」を例にとると、「くつがなる」「さんぽ」の曲名を取り入れ[17]、図工も単元名「遠足」にあわせて乗り物の題材を取り上げており[18]、音楽や図工の学習内容が「社会科作業単元」に関連づけられていた。その他、「教育記録」「はたらき帳」「よい子帳」「行動の記録」「観察簿」などの記録ノートを工夫してダイナミックに実践

表16　時間割

時間	学習	内容
9:00	挨拶打合	健康　衛生指導　一日の打合せ
9:10	中心学習	社会科を中心として社会的な問題を学習する
10:40	体育	休息　遊戯
11:00	技能の練習	主として計算したり、文字を習得する 1週2時間図工にあてる
12:00	昼食の時間	
1:00	音楽に親しむ	
1:10	自然と親しむ時間	継続的な観察飼育又は参観等
1:30	勤労の時間	教室の清掃飼育学級園の手入れ等
2:00		

第5章　戦後初期における名古屋市精神薄弱児学級の成立　73

表17　社会科作業単元「楽しい学校」

作業単元名	楽 し い 学 校		2学期　　　1年	予 定 時 間 数	四〇時間
目　標	楽しい学校生活の基礎的態度習慣を養い規律正しい生活へ出発させる				
理解	○注意することによって学校が美しくなる ○学校には健康で安全な生活が出来るようにいろいろの施設があること	態度	○人前に出てものおじしない ○友達どうし仲よくする ○きまりにしたがう	技能	○一緒に遊ぶときの作法 ○挨拶 ○道具をきまった場所におく ○物を大切につかう

社 会 科 学 習 活 動 例	各科目との関係					
	国　語	算　数	理科	音　楽	図　工	体　育
1　持物の置場	1 2 4	1 2				
2　挨拶の仕方	7 9 10					
3　友達と仲よく遊ぶ	11					
A　遊びの絵をかく				みんないい子	思想画（あそび）	
B　危険な場所をしる	12 16 18					
4　教室をきれいにする（学校ごつこ）	19					
A　花をかざる			花の観察	むすんでひらいて	写生画（教室の花） 思想画（掃除）	
B　自分たちの作品を教室にはる						
C　掃除をする 　　　箒、雑巾のかけ方、ごみはおとさぬ						
D　絵本玩具の整頓					折紙	よい姿勢 手の清潔
5　便所の使い方を正しくする	15					規則的に便所に行く
A　水洗便所の使い方						
B　手洗、手の拭き方をおぼえる						

が行えるように役立てていた。

　「福祉教室」の実践開始にあたって1948(昭和23)年11月20日付の中部日本新聞は、『生れ変る精神薄弱児、珍しい旭ヶ丘校の試み』という見出しで授業風景の写真を添えて次のように紹介している。「同校は本年五月トライアウトスクールに指定されてから精神薄弱児の特別教育を実験項目にあげ・・・(中略)・・・さる十日から開始した。普通教室では鉛筆ばかり削つていた子供たちもようやく口をひらき"先生マルをつけてェ""先生つぎは何やるの"など楽しそうに連発、進度表には一日々々修了のマルがつけられわずか十日足らずの間にめざましい効果をあげている・・・(中略)・・・眠つていた個性もクレヨンを通してのびのびと発揮され始めた」[19]

（4）「福祉教室」のかかえた問題

　第1に、1949(昭和24)年の愛知県教育委員会刊行の『愛知県教育要覧』の「(五)特殊学級について」の記述によると、当時の学級維持の困難さを「児童数を三十名以内としているので教職員の定数の関係や、教室その他の施設事情から大きな影響を受けて、特殊学級の設置は非常に困難に直面してい」[20]るとしている。こうした不十分な教育諸条件の中で、山田為一校長、横田厚甫教頭が役所と折衝して定員外に教員を確保し、教室不足のために応接室を「福祉教室」にあて急場をしのいだのである。

　第2に、トライアウトスクールの実験学校として開級されその域を脱していないということから、正式に名古屋市の特殊学級として認可されるまでには至らなかったことを指摘できよう。そのため、財政的基盤をPTA会費に頼らざるを得ず、PTA会費が嵩むことで保護者の中から「福祉教室」の学級経営を疑問視する声が上がってしまったのである。

　第3に、学級担任は「①個別指導に對する指導力の問題、②不規律、不衛生な生活の匡正、③身体的障碍の治療難、④家庭の無関心」[21]といった困難を日々抱えていた。桑原博の後任にあたる大矢雅和は当時の担任の苦悩を「ただ他人がいやがる劣等児の学級がある。その担任の後任がない」[8]と述懐している。ここには個人の力ではどうしても解決できない難題があったと思われる。

　上記の問題から、新しい教育の理想と強い教育的良心によって開始された「福祉教室」も1952(昭和27)年3月に惜しくも閉鎖されることになったのである。

第3節　　菊井中の「福祉学級」での取り組み

（1）長欠児の中から精神薄弱児の発見

　旭白壁小の「福祉教室」が開級された翌年の1949(昭和24)年には菊

井中で長欠児を教育対象とする「福祉学級」と称する学級が開設された。名古屋市教育委員会調査広報課が同年4月から10月までの期間、全市新制中学校を対象に行った調査によれば、就学該当者数59,917名中「就学通学事故者」(長期欠席者、出席常ならざるものに合わせて未就学者)が1,771名(約0.3%)、「経済的事由による事故者」は1,196名(約1.99%)の数を計上している[22]。これらの生徒に対して「就学督促をくりかえした結果、週に一度くらいなら出てもよいと言つてきた二十有六名の児童をそのまま放置するにしのびなかったこと」[23]から、「興味を持つて学習するように長欠者をしつけること」を目的に「福祉学級」が開設された。

　この「福祉学級」を学級経営するにあたり、まず入級生徒の特性を把握するという目的から知能測定(田中B式)がなされた。この測定結果は最劣7名、劣18名、下8名、中下4名、中1名となっており、当初入級対象と考えられていた長欠児の中には知的な遅れが伴っている生徒が多く存在する状況が明らかにされていった。以上のように菊井中での精神薄弱児教育の根本的な出発点は長欠児対策であると考えられる。

(2)　「福祉学級」の開級

　菊井中は1952(昭和27)年3月31日、名古屋市教育委員会より「ホームルーム教育研究指定」を受けた。この研究を進めるために知能テストを実施することになり、全校生徒1,320名中IQ70以下の生徒が83名、特別指導が必要と思われる生徒が60名、これらの所見を総合して知能の遅れが認められ特別指導を必要とする生徒が66名、問題行動のある生徒が18名存在するという結論を導き出している。こうした測定結果をもとに、「これと普通学級と同様な指導を続けていくことに大きな問題があることに気づき、合議の結果、昭和27年9月より試験的に特殊学級を編成する」[24](傍点―筆者)ことになったのである。そして、数

回に及ぶ職員会議を経て次の4点の設置理由がまとめられた。それは「第1に1学級の収容人員が50～60名におよぶ普通学級では、精神薄弱児（以下精薄児という）にまで手が回らない。第2に精薄児は、社会性に欠けていると同時に、その生活の範囲に自ら限界がある。第3に環境の問題である。自分より優れたものが周囲にいるときの劣等感は想像以上のものがある。第4に人間性の問題である。いかに知能の劣る精薄児といえども、教育を受け、社会の成員として幸福な生活を送る権利をもっているはずである。一日に一度でもよい、ああ楽しかったという気持ちを味わせたい。これが、我々教師に課せられた大きな責務である」[25]であった。

　それと、「ただ、勉強ができないのを理由に、しかられている子や、みんなからのけものにされ、一般からはみだしている子どもをみると、たまらない気がするのです。この子も、みんな家に帰れば、かけがえのない子ばかりにちがいありません」[26]という担任となる川崎昴の人間愛を支えにして、「少なくとも三年は、わたしの思うようにやらせてほしい。それに、ちゃんとした特別学級専用の教室もぜひいただきたい」[26]という熱意に触発され、精神薄弱児教育の準備をしていくのであった。

　1952(昭和27)年の開級当初の指導時間は、1日2時間、国語、数学、音楽、図工の4教科で、残りの時間は普通学級に返して学習する教育形態をとった。この指導を通じて生徒は明朗になり、ものを言わなかった生徒も言うようになり、普通学級へ戻ることを好まず終始特別指導をしてほしいと希望するように変容し、生徒の成長の可能性を担任らは確信していったのである。また、1952(昭和27)年10月に開催された文部省主催の東海北陸特殊教育研究集会でなされた「行動に問題のある生徒の指導及び知能の遅れた生徒の指導」という研究発表が契機となり学級経営が本格的に始動し、川崎昴が専任教師となり、他に補助として支えた教師3名(音楽、家庭、国語)が配当され全教科を指導できる体制が整っ

たのである。

(3)「福祉学級」での実践

a. 対象児童

1952(昭和27)年の入級の基準は、「知能指数60以下のもの、性格に著しい異常のないもの、担任教員が適当と認め、保護者の承認を得たもの、長期欠席者で学力がことに劣り、希望するもの」となっていた。実際にはIQ60以下、学力検査20点以下の生徒の中から、専門医が適当と診断し、保護者の承諾を得るという手順を経た11名を入級させていたようである。この11名の知能指数分布はIQ39以下4名、IQ40以上5名、IQ50以上1名、IQ60以上1名であり、学年分布は1年生6名(男5名、女1名)、2年生3名(男1名、女2名)、3年生2名(女2名)という内訳であった。これらの生徒の中には、「働きに出る母親を助けるため、家事の手伝いや弟妹の世話などのためと、本人も精神薄弱児であるなど、小学校もろくろく行かず、特別学級ができたので、はじめて中学2年の終り近くに入級」[27]という生徒も含まれていた。

翌1953(昭和28)年6月に文部省事務次官通達『教育上特別な取扱いを要する児童生徒の判別基準について』が出されたため、入級基準が変更となっている。それは「文部省の特殊生徒判別基準に該当するもの、但しとくに甚しい性格異常を除く、前記の該当者で普通学級へ返した方が適当と認めたときはこれをもどす」(28)となったのである。

また．学区内の小学校の卒業生から優先的に選び、在籍人数に余裕があるときには学区外の希望者の中よりIQ40以上70くらいの生徒を対象に入級させるように変化したのである。その結果、1954(昭和29)年以降の入級生徒をみてみると20名前後と多くなっている。

b. 教育方針と目標

1953（昭和 28）年の教育方針は，「知恵の遅れた者でも，適当な環境と指導を与えて，その社会性を養い，自己の劣等感から解放された健康で明朗な生徒として成長させ，将来，社会の成員として，それぞれが各自の能力に応じて幸福な生活を営みうる能力を養う」[29] となっている。さらに，具体的目標は，「①日常生活をする上に必要な知識，技能，態度について，その最も基礎的な実際問題を取り上げて，できるだけ簡箪に実用化し具体化して，直観に訴え，筋肉を通して反復訓練させる機会を多く与えて習得するよう指導すること，②学年に拘泥せず，各自の能力に応じた指導をして，その伸長をはかると共に特に各自の長所の活用につとめること，③健康生活については習慣になるまで指導すること，④集団生活を通して，社会適応性を培うようにつとめること，⑤簡単な労作（作業）を通して，作業の基礎的陶冶をはかること，⑥感覚の訓練，体育，音楽，その他特に図画，工作を指導の重点におく」[30] となっている。この教育方針と具体的目標には，社会適応能力を培うために実用的，直観的な働きかけをすること，労作，工作といった作業や制作活動を重視するという特徴を指摘できる。

c. 教育課程

1952（昭和 27）年では，「学級は開設したものの，教育課程もなければ，教えるための教科書もありません」[31] と追想しているように暗中模索で始めざるをえなかった。翌 1953（昭和 28）年になって「各教科の基礎的内容を反復練習し，正しい日常生活のあり方を習慣づけ，あわせて，将来の自立性を養うことに重点をおいた」[32] 教育課程を初めて編成するようになるのである。なお，教育課程は小学校 3 年程度の学力を基準に編成され，表 18 のように各教科の指導目標が立てられた。また，月ごとの単元名を設定するようになったのも特徴である。

第5章　戦後初期における名古屋市精神薄弱児学級の成立　79

表18　各教科の指導目標

A	社会・理科……日常生活をするに必要な理解・態度・能力を養うことを目標とした。
B	国語……ひらがなは少なくとも書けるように、漢字はかれらの力なりにできる範囲で書けるように、読みは日常生活に必要な程度、手紙が読めるくらいまで漢字を扱う。
C	数学……2位数・3位数までの加減。
D	音楽……楽しんで歌い、楽しんで楽器が扱える程度。
E	図工 職家 ｝労作を重んずる立場からこれに力を入れ、簡単なものを丹念に作り、続けて作る力をねらいとする。図画はかれらは割り合いに喜んでするから、できるだけその力をつけるようにした。
F	保・体……特に健康には留意して楽しくやらせるように配慮。

表19　年間計画

月	大 単 元	小 単 元	行 事 予 定
4月	わたくしたちは中学生	1. わたくしたちは菊井中学生 2. わたくしたちの学級園 3. 遠足へ行こう 4. 仲よし会	○入学式 ○生徒会役員選挙 ○身体検査 ○天皇誕生日
5月	わたくしたちの健康	1. こどもの日 2. からだをじょうぶに 3. お天気しらべ	○憲法記念日 ○こどもの日 ○春の遠足
6月	町の暮し	1. 時の記念日 2. お店調べ 3. おこづかい	○時の記念日 ○入梅 ○なかよく
7月	夏休みの計画	1. たなばた祭り 2. 夏休みの計画 3. 夏休み	○たなばた ○終業式 ○夏の生活について
8月			
9月	運動会	1. 夏休みの反省 2. 虫集め 3. 運動会	○始業式 ○夏休みの作品発表 ○秋分の日
10月	遠足と文化祭	1. 秋の学級園 2. 秋の遠足 3. 文化祭	○秋の遠足 ○運動会
11月	乗物	1. 乗物 2. 名古屋の名所	○文化の日 ○展覧会 ○勤労感謝の日
12月	冬の暮し	1. 冬の暮し 2. 年の暮れ	○防火デー ○冬至 ○終業式
1月	郵便	1. 正月のたより 2. 電話作り	○元旦の式 ○成人の日
2月	春のしたく	1. 節分 2. ひな祭り	○節分
3月	春のしたく	1. 季節だより 2. 卒業式	○ひな祭り ○卒業式 ○終業式

そして、こうした試行期間をふまえて、1954(昭和29)年には、「カリキュラムの改定を行い、能力別指導を主眼に、継続的な作業教育を課し、労作を重視するとともに指導の簡単化をはか」[32]るように変化していったのである。この年には年間計画(表19)を遂行する目的のため、週時程表(表20)や時間割(表21)をしっかりと作成している。1952(昭和27)年を仮に「教育課程の創成期」と称するなら、1953(昭和28)年

表20　週時程表

大　単　元	乗　物	小　単　元	乗　　　物		
生　活　目　標	寒さに負けない				
曜	1	2	3	4	5	6
月	奉仕作業、へいの修理	算数　乗物調べ　数　グラフ			図工、職家　ミシン踏み	
火	奉仕作業、へいの修理	国語　乗物の名　広告調べ			体育　円陣しゅう球	
水	奉仕作業、へいの修理	社理　動くわけ、早さ		算数　棒グラフ	図工、職家　乗物の絵	
木	奉仕作業、ざら板	職家　食べ物のいろいろ		音楽　たぬきばやし	図工、職家　版画に彫る	
金	奉仕作業、ざら板	算数　乗物の絵グラフ		国語　広告を切る	体育　じゃんけん陣とり	
土	奉仕作業、机	音楽　たぬきばやし	国語　読む、書く、作る			

表21　時間割

学習	時間
奉　仕　作　業	8：20
	8：50
①　学　　　　　習	
	9：35
放　　　　　課	
	9：45
②　学　　　　　習	
	10：30
放　　　　　課	
	10：40
③　学　　　　　習	
	11：25
放　　　　　課	
	11：35
④　学　　　　　習	
	12：20
昼　　　　　食	
	1：00
清　　　　　掃	
	1：20
放　　　　　課	
	1：25
⑤　学　　　　　習	
	2：10
放　　　　　課	
	2：20
⑥　学　　　　　習	
	3：05
ホ ー ム ・ ル ー ム	
	3：20
	4：00

から 1954(昭和 29) 年にかけては「教育課程の形成期」としてとらえることができよう。

さらに、1955(昭和 30) 年より 1957(昭和 32) 年になると教育課程が再編成され、「ＡＢＣの三段階による能力別指導と図工科を中心とした表現活動と継続的な労働教育を重視する」ように変化する。そして、1958(昭和 33) 年以降は「造形活動 (図工科) を中心とした表現活動と、継続的な作業による職業教育を重視した」[33] 教育課程へと変化していく。すなわち、この時期には教育課程の中軸に表現活動と職業教育を据えるという川崎の指導観が立てられ、「教育課程の充実期」であったと考えることができる。

(4)「福祉学級」の抱えた問題

第 1 に、精神薄弱児教育に対する周囲の理解や認識がいまだ浸透していないため、多くの保護者が悩みを解決できないままもち続けなければならないといった点である。川崎は「この子に対する考え方は、ただもう世間体を恥じたり、いわれもない罪悪感に自ら苦しんだり」[34] と当時の保護者の苦労を述懐している。そのため、川崎は保護者会への出席を再三勧告し、保護者の責任でもなく本人の罪でもない「知恵遅れ」ということへの理解の仕方の大切さを伝え、家庭環境が子どもの成長には大事であることを訴え続けなければならなかったのである。

第 2 に、教育課程をめぐる問題である。1955(昭和 30) 年以降の教育課程では、職業教育の必要性を全面に打ち出したため、「①だれからも愛される人間教育に徹すること、②役だつ職業的基礎能力を身につけさせること」[35] を目標に掲げている。ここでは教科指導で培う能力への実践が手薄になっていくという点が指摘できる。

第4節　幅下小の「ゆり組」での取り組み

(1) 学校内外での精神薄弱児教育に対する気運の高まり

　幅下小は1952(昭和27)年、名古屋市教育委員会より「特殊教育研究指定」を受け、普通学級に在籍する「問題児」の指導に関して、「1.普通学級に於ける問題児の指導、2.教科外活動時に於ける問題児の指導、3.精薄児をもつて編成する特殊学級の経営」[37]の3分野について研究方針をまとめた(3番目の研究分野にあたる特殊学級の設置は、1952年では方針と出されていたものの、具体的な実施は教室と教員の不足から隘路となっていた)。この研究指定を通して、①普通学級と教科外活動時における「問題児」の指導研究には全職員が参加すること、②学級内に忘れられた子どもをなくすること、③「問題児」が起こした事象を中心に一般児童の教育も行われること、④教師の教育観や実践力が向上するという、「問題児」指導上の4つの意義を職員会議で確認できた点に注目できる。また、同年10月、文部省・愛知県と名古屋市教育委員会主催の東海北陸地区特殊教育研究集会が幅下小を会場にして開かれ、「問題児」を対象にした6つの普通学級における指導法と、1つの教科外活動時における指導法を公開して研究指定の成果を発表した。なお、幅下小はこの研究指定に先がけ1948(昭和23)年から1952(昭和27)年までの5年間に実験学校として、「問題児の事例研究」や「生活単元学習」研究を行っていた。これらの継続的な研究が精神薄弱児教育への礎石になっていたと思われる。

　さらに、1953(昭和28)年、名古屋市教育委員会より「道徳教育研究指定」を受け、「問題児」に対して1学級1人事例研究という方法で取り組んでいる。この事例研究でいう「問題児」とは、「その児童の態度なり、行動なりが、学級経営上秩序を乱し、問題を起こすものである。即ち一

人の乱暴な子が他を傷つけたり恐怖に陥し入れたりして、学校社会が乱される等の、反社会的な場合」と「精神的人格的な発達が、その態度や、行動から見て、抑圧されている児童である。即ち、おどおど乍ら、自己防衛的であり、退嬰的な行動をする児童で非社会的な場合」[38]（傍点一筆者）と定義づけていた。この「問題児」への事例研究が学年協議会、グループ協議会、全体協議会、事例研究協議会の4つの部会で順を追って深められ、校内での反社会的・非社会的な不適応児への理解を実践的立場から一層高めたり、毎週2時間を精神薄弱児および非社会的不適応児から成るクラブ活動にあてるように至っている。

　このような校内での精神薄弱児教育への気運が高まっていくと同時に、1952(昭和27)年には同じ区内にある菊井中に特殊学級が設置されたため、幅下小を卒業する精神薄弱児に「最適」と思われる就学先が開かれたこと、加えて幅下小と菊井中の両校が主動的役割を果たして、1953(昭和28)年に西区特殊教育研究会を発足させ、同年度末には愛知県特殊教育研究会が組織されるという校外にも特殊教育研究の場が拡大されたことが相俟って、1954(昭和29)年に幅下小に精神薄弱児学級「ゆり組」が開設されていったのである。

(2)「ゆり組」の開級

　研究指定で「問題児」への理解が深まっていくにつれ、職員会議では「特殊学級の設置運営は、全校の問題であるから、選定基準、判別基準、編成、朝会、親学級の問題等、総べてにわたって、職員会の協議決定に基づいて行い、行事には親学級で多数の友達と楽しく生活できるように協力を受け」[38]ると学校全体で特殊学級の運営をしっかり考えていこうと合意している。実際に学級を設置する段階になって名古屋市教育委員会(坂井指導課長)と菊井中によって「連絡懇談会」が設けられ、学級の性格、選定基準、教育課程の大枠、内規が作成され準備されていった。

学級名は普通学級と同様、植物名から「ゆり組」が選ばれた。教室は「通風採光に恵まれて閑静な環境、広く畳の間をもつ」ことを配慮して図書室が利用された。そして、担任は「児童父兄同僚の信頼があり指導的な位置を必要とする」[39]面から斎藤キクを正担任に抜擢し、「学級の保健衛生の重要性を考慮」して望月あさ子が副担任になったのである。入級児童の選定基準は、ＩＱ80以下、２年生以上の者、担任から特別依頼のあった者、保護者の諒解を得たものとして、精神薄弱児であっても保護者が希望しない者、著しい性格異常者・身体虚弱の者、進行中の病気のある者、社会生活能力の高い者は原則として編入せず別に考慮するとされた。また、教育目標の大枠は、①楽しい学級であること、②児童に一日一日何か自信を持たせること、③児童の中に何か引き上げるものがないか見つめることの３点が設定された[40]。

なお、校長は精神薄弱という障害を持つ児童が学校内で生き生きと生活できるように「幼児期の障害による気の毒な子」と障害への見方を全校児童に講話している。一方、ＰＴＡ役員会や総会等、特殊学級やその児童の感想を綴った文集『純心につつまれて』を学校新聞に掲載することを通して保護者に協力を要請していったのである。

(3)「ゆり組」での実践

a. 対象児童

「連絡懇談会」において、１年生はまだ観察期間が短く判別の正確が期せられないため、２年生から６年生までを入級対象範囲とすることと決定していた。また、学級の人数は15名程度、知能指数は75以下を基準とすることとされた。そして、学区内児童から選択することを原則とし、ただし学区外希望者を入級させるときは通学距離を考慮して８歳以上という条件を定めていた。

入級児童の決定に至るまでには、担任の見解、学業成績、知能検査を

第一次資科とし、その上に個人テストを課し、校長の面接と保護者の承諾を以て最終決定するという手順をとっている。

「ゆり組」の1954(昭和29)年の知能テスト(鈴木式個別知能検査)の結果は表22に、学年分布は表23に整理してみた。これをみると、ＩＱ50以下の児童が6人おり、知能の低い児童から高い児童まで幅広く存在していたことがわかる。また、学年は4年生と5年生で多く占められていたことがわかる。1956(昭和31)年当時校長は、「精薄児の判別については文部省より判別基準が出版されているが誠に難問題であり研究の余地が非常に残されている」[39]という見解を述べている。それは、現実には知能のかなり低い児童も在籍していたという状況から、1953年の判別基準を柔軟に扱おうという配慮からだと思われる。

表22　知能テストの分布人数

ＩＱ ＼ 性	男	女	計
81 〜 85	1		1
76 〜 80	1	1	2
71 〜 75	1	1	2
66 〜 70		2	2
61 〜 65	1		1
56 〜 60		1	1
51 〜 55			
46 〜 50	1		1
41 〜 45		3	3
35 〜 40		2	2
計	5人	11人	16人

表23　学年の分布人数

学年 ＼ 性	男	女	計
2		1	1
3	2		2
4	2	4	6
5	1	4	5
6		2	2
計	5人	11人	16人

b. 教育方針と目標

1954(昭和29)年の教育方針は、「児童の実態を把握して、個人の興味、能力に即応した指導をする。身近な生活に必要な指導をする。集団生活を通じて、社会性を養う。心身の健康指導に努める。作業を通じて生活態度の指導をする。感覚の陶冶を行う」[40]となっている。また、具体的目標は、「適当な環境と、能力に応じた指導により、将来各自の能力に応じた幸福な生活が営める健康明朗でのびのびした児童を育てる。すなわち具体的には、①身のまわりのことがひとりで出来る。②みんなと楽しく生活していける。③何か出来る人間を作りあげる」[41]となっている。この教育方針と具体的目標には、個人の能力に応じた指導が全面に打ち出され、社会性と協調性を培うことをねらっていた特徴を指摘できる。

c. 教育課程

1954(昭和29)年の時間割を表24に、年間計画を表25に示した。「ゆり組」の教育課程は「生活指導単元」と称され、日常の基本的な生活態度が身につくことが重視され、よって1時限目には挨拶、清潔検査、話し合い、絵日記の指導時間が設定されているのに注目できる。さらに、年間計画は行事と単元に関連性をもたせ組まれている。教科指導は、「基礎学習」・「一般学習」・「技能学習」に区分され、「基礎学習」では算数と国語を扱い、一斉指導と個別指導の両指導形態で行われた。また、「一般学習」は見学という社会科的教育内容と動物飼育・観察・栽培という理科的教育内容から構成されていた。「技能学習」は音楽と体育と図工を扱い、特に体育の時間内に健康衛生面への指導を怠らないよう留意することが取り上げられている。

翌1955(昭和30)年には指導目標に関連性をもたせ、構造的に表すように変化している。すなわち、「自律生活の確立」という最終目標に達

表24　時間割

活　動　内　容	時間（時限）
登校 清掃、飼育管理、朝会	9：00
挨拶、清潔検査 話合、絵日記	9：45　（1）
基礎的学習	9：55 10：40　（2）
技能的／作業的　学習	10：50 11：35　（3） 11：45 12：30　（4）
給食、昼放課	
クラブ、技能的学習	1：35 2：20　（5）
清掃、下校	

表25　教育課程の年間計画

月	行事	生活指導	単元名	基礎・学習 算数一斉	算数個別	国語一斉	国語個別	一般学習	音楽	体育	図工
5	開級	手洗い 洗面 歯みがき 挨拶の仕方 衣服の正しい着方 持物の整理整頓 清潔衛生指導 せんたく 食事礼儀作法 掃除の仕方	楽しい学級	時計 いろいろな形 お金 グラフ 長さ 広さ ゆうびん料金 カレンダー 重さとかさ	個人の能力による個別指導	単元に関連した学習、お話会、紙芝居、人形劇	かるた、絵日記、絵本等による個別指導	見学、動物飼育、観察、栽培、手入れ	小学校歌曲から抜粋（斉唱、独唱、簡単な楽器、リズム遊戯）	体の清潔 食事訓練 身なり 清潔な部屋 集合 整列 歩行 幅とび 高とび 走り方 体操 遊戯 競技 遠足 散歩 なわとび すもう	主として単元関係、行事的なもの（紙細工、粘土細工、簡単な木工）
6	虫歯予防デー 時の記念日		このごろのくらし								
7	七夕まつり 海の一日		楽しい遊び								
9	夏休作品展 運動会		仕事をきめよう お店ごっこ								
10	遠足		のりもの								
11	文化の日 勤労感謝の日 校舎竣工		私の学校								
12			ゆうびんごっこ								
1	正月 成人の日		新しい年								
2	学芸会		学芸会								
3	ひなまつり 送別会 終業式		しあげ								

するために、「基礎学習」「社会性の啓培」「健康の増進」という3つの下位目標を掲げているのである。「基礎学習」では「経験による把握」から遊戯、作業の指導が考えられ、「社会性の啓培」では遊びの指導、学級自治活動の分担、作業態度の重視がなされ、「健康の増進」では安全教育、衛生習慣の徹底、感覚の訓練が行われたのである[42]。これら3つの下位目標は、今日でいう「教科活動(陶冶)」「生活活動(訓育)」「養護活動」といった領域に相当すると考えられ、「教育課程の構造化が試行された時期」という点に大きな特徴を見出すことができる。

(4)「ゆり組」の抱えた問題

　第1に、「ゆり組」の1954(昭和29)年の特殊学級経費をみてみると、経費総額は96,565円であり、そのうち約56％をＰＴＡ会費に頼っていた。すなわち、精神薄弱児教育への財政的援助が十分になかったため、ＰＴＡ会費に頼らざるを得なかったという問題があった。校長が機会あるごとに精神薄弱という障害への理解を促したという理由には、保護者からの多大な支援なくしては精神薄弱児教育の実践が不可能であったという当時の厳しい状況を察することができる。職員会議の合意で学校全体で精神薄弱児教育に着手する意気込みはあったものの、現実には財政面でかなり窮迫していたのであった。

　第2に、教育課程をめぐる問題である。1954(昭和29)年10月、文部省主催中部日本特殊教育研究集会で「ゆり組」の教育課程の編成方針が報告された。それは、「教科中心の考え方を捨て生活経験を得させるための生活カリキュラム」への転換であり、「教科課程の展開として最も必要な要素として児童生徒の最低生活要素を究明」[43]することとなっていた。1954(昭和29)年までの教育課程は多くの教科名で構成されていたが、それ以降は教科指導の占める比重が軽くなっていったと考えることができる。

第5節　おわりに

　明らかになった点と今後の課題について以下にまとめを行ってみる。

　第1に、戦前との連続・非連続についての関係である。本章の資料調査では、戦前に愛知県で唯一存在していた精神薄弱児施設「八事少年寮」での実践が、旭白壁小の「福祉教室」の開設に寄与していることが明確になった。すなわち、「八事少年寮」の初代園長である杉田直樹(1887年〜1949年)を中心とした「集団会」(杉田の他、岸本鎌一、堀要らの精神医学者も研究会のメンバー)が、精神薄弱児が戦前から学校教育の対象外となっている状況を指摘し、「八事少年寮」に限らず学校においても精神薄弱児教育を実践するよう明言したことが契機となり、「愛知県特殊教育研究会」が創設され、名古屋市の精神薄弱児学級史の進展に波紋を生じさせたのであった。特に、旭白壁小の「福祉教室」における児童の入級判定はもちろんのこと、学習や生活指導の日々の取り組みにまで「八事少年寮」の実践に携っていた杉田、岸本、堀らの精神医学者が助言している点に着目できる。ここに、精神医学者側からの精神薄弱児への「着眼」が、学校での教育対象へと拡大させていったという規定性、戦前からの連続性を把握することができる。なお、筆者の研究では戦前の名古屋市において存在した劣等児の「個別学級」(ＩＱ70〜90を対象)が、戦後の精神薄弱児学級の開設に直接の影響を与えていったととらえることは今の調査段階では難しいと考えられる。それは、1922(大正11)年から開級された「個別学級」が戦前においていずれも閉級していること、戦後に試行的に成立した3つの精神薄弱児学級の担任らが初めて精神薄弱児教育を経験していることから、戦前から戦後を通じて担任者間のつながりがないことが主な理由である。

　第2に、3つの学級の実践をめぐる共通点・相違点についての検討で

ある。対象児童に関しては、旭白壁小の「福祉教室」や菊井中の「福祉学級」の成立過程で把握できたように、当初から精神薄弱という障害をもつ児童生徒に着眼していたというのではなく、孤児や長期欠席児への取り組みに着手しなければならないという眼前の児童問題への対応のもとで精神薄弱児教育へのアプローチが生じてくいるという順序性を考察することができる。すなわち、孤児や長欠児の「貧困問題」への対策が根底にあり、その中から精神薄弱児への「教育問題」が付帯して起こってきているという構図を見ることができるのである[44]。

　ただ、幅下小の場合は当初から問題児の中に精神薄弱児を対象とすることが定められており、他の2校とは異なっていたと指摘できよう。また．入級対象児を選定する手続きは各校とも共通しているが、旭白壁小が軽度の精神薄弱児を多く入級させていたのに比べ、菊井中や幅下小はそれよりは知能の低い児童生徒を入級させていたのが相違点としてあげられる。

　3校の教育方針と教育目標の特徴については、学級が設置された年度および小学校・中学校の区別によりそれぞれの違いがみられる。旭白壁小が態度形成を強調したのに対し、菊井中では作業や造形活動を通しての実用的な能力の育成、幅下小ではひとりひとりの能力に応ずることに重点が置かれていた。そして、その違いは各校での教育課程の独自な編成となってあらわれている。すなわち、旭白壁小が社会科作業単元学習を主軸に教科重視を試行していたのに比べ、菊井中は職業教育、造形活動を重んずるように次第に変遷していき、幅下小は生活指導単元を中心に編成するように変っている点に注目できるのである。

　第3に、学級のかかえた問題点についてである。精神薄弱児学級の財政的な面で担任がかなり苦悩している点が共通してみられる。これは「精神薄弱児教育の試行期」ゆえにもつ宿命的なものかもしれないが、精神薄弱児の教育効果への理解が学校内外で得られにくかったという当時の

時代背景を反映していたと考えられる。

　以上、戦後の名古屋市というひとつの地域における精神薄弱児学級の成立とその特徴の一端を明らかにしてきた。本章で旭白壁小、菊井中、幅下小の3校を取り上げ調査した理由は、名古屋市教育委員会より特殊学級として正式な認可を受ける以前に、精神薄弱児への「共に自発的な研究」[(45)]として3校において「試行的に」実践がなされていたからである。今後は、1955(昭和30)年以降に名古屋市内にいくつかの特殊学級が開設され発展してくるが、この「先駆的」「試行的」な3つの学級およびパイオニスト的存在であった担任らがどのような側面において関連していったのかについての研究を進めていく必要がある。

[注]
(1) 玉村公二彦(1987)：本邦特殊教育関係部会別文献目録一般部会、特殊教育学研究、第25巻第1号、pp.109 ～ 113。

　渡辺健治・宮本光司(1988)：同上一般部会、特殊教育学研究、第26第1号、pp.113 ～ 121。

　河相善雄(1989)：同上一般部会、特殊教育学研究、第27第1号、pp.151 ～ 161。

　高橋智・高橋幸子(1990)：同上一般部会、特殊教育学研究、第28第1号、pp.141 ～ 161。

　谷口清(1991)：同上一般部会(Ⅰ)、特殊教育学研究、第29第1号、pp.147 ～ 151。

　山本晴彦(1991)：同上一般部会(Ⅱ)、特殊教育学研究、第29第1号、pp.153 ～ 163。

(2) 障害児教育学研究会　高橋智・清水寛・荒川智・依田十久子・山本晴彦・渡辺健治・平田勝政(1988)：障害者問題史研究の動向と課題―研究方法論の検討を中心に―. 障害者問題史研究紀要、第31号、p.5。

(3) 小川英彦(1991)：戦前、愛知県における障害児の教育福祉問題史研究―「個別学級」と「八事少年寮」の検討―. 日本社会福祉学会中部部会発表。

　小川英彦・高橋智(1991)：大正期における「劣等児」特別学級の成立―名古屋市の「個別学級」の事例検討―. 日本福祉大学研究紀要、第85号、pp.183 ～ 215。

(4) 小川英彦(1990)：杉田直樹の「治療教育」の思想(Ⅰ). 障害者問題史研究紀要、第33号、pp.27 ～ 38。

　小川英彦(1991)：杉田直樹の「治療教育」の思想(Ⅱ). 日本特殊教育学会第29回大会発表論文集、pp.514 ～ 515。

小川英彦 (1991)：わが国における治療教育学説史の検討―杉田直樹の資料文献の整理を通して―、社会事業史研究、第 19 号、pp.133 ～ 147。

(5) 愛知県特殊教育の歩み編集委員会 (1977)；愛知県特殊教育の歩み、p.31。

(6) 遠藤由美 (1984)：敗戦後児童問題対策に関する一考察―合宿教育所政策を中心に―、教育論叢、第 28 号、p.68。

(7) 名古屋市立旭丘小学校 (1949)：精神薄弱児教育の一端、名古屋市教育館報、第 2 号、p.3。

(8) 愛知県特殊教育研究協議会 (1966)：特殊教育 10 年のあゆみ―精神薄弱教育―、pp.2 ～ 3。

(9) 前掲 (8)、p.1。

(10) 前掲 (7)、pp.3 ～ 4。

(11) 名古屋市立旭白壁小学校 (1949)：昭和 23 年度福祉教室経営、p.6。

(12) 前掲 (11)、pp.1 ～ 2。

(13) 名古屋市立旭白壁小学校 (1949)：特殊教育の教育、精神遅滞児教育の実際、pp.99 ～ 100。

(14) 前掲 (13)、pp.100 ～ 103。

(15) 前掲 (11)、pp.53 ～ 54。

(16) 前掲 (11)、pp.66 ～ 69。

(17) 前掲 (11)、p.58。

(18) 前掲 (11)、pp.62 ～ 63。

(19) 中部日本新聞市内版、1948 年 11 月 20 日。

(20) 愛知県教育委員会 (1949)：愛知県教育要覧、p.131。

(21) 前掲 (7)、p.11。

(22) 加藤徳一 (1949)：中学校における長欠者対策と福祉学級の経営について、名古屋市教育委員会教育研究紀要、p.42。

(23) 前掲 (22)、p.45。

(24) 名古屋市立菊井中学校 (1960)：特殊学級のカリキュラム、p.4。

(25) 前掲 (24)、p.5。

(26) 川崎昂 (1967)：ちえ遅れの子の版画指導、p.3。

(27) 川崎昂 (1956)：特殊教育―実践と研究の記録その 1、pp.75 ～ 78。

(28) 前掲 (24)、pp.5 ～ 6。

(29) 川崎昂：この人に聞く―学級経営の原理はと問われて―、p.8。

(30) 前掲 (29)、p.5。

(31) 前掲 (26)、p.2。

(32) 前掲 (5)、p.113。

(33) 前掲 (24)、p.7。

川崎昂 (1958)：精神薄弱児教育における図画・工作の役割―図画工作を新しく「造形活動」として―、名古屋市教育委員会研究紀要、pp.303 ～ 318。

川崎昂 (1958)：精神薄弱児と版画教育―版画指導の年間計画 (試案)―、名古屋市教育館月報、pp.6 ～ 9。

(34) 川崎昂 (1983)：親の会三十周年を祝して、名古屋手をつなぐ親たち創立 30 年記念特別号、p.17。

(35) 前掲 (27)、p.69。

(36) 佐藤敬一 (1956)：特殊教育の四年間、名古屋市教育館月報、p.1。

(37) 名古屋市立幅下小学校 (1954)：特殊学級並びに普通学級に於ける特殊教育、p.25。

(38) 前掲 (37)、p.1。

(39) 前掲 (37)、p.3。

(40) 前掲 (37)、pp.11 ～ 12。

(41) 前掲 (37)、p.7。

(42) 名古屋市幅下小学校 (1955)：特殊学級手引。

(43) 前掲 (36)、p.4。

(44) 小川英彦 (1983)：わが国における白痴教育の成立過程に関する研究―明治 24 年から大正 8 年の滝乃川学園史を通して―、愛知教育大学大学院教育学研究科障害児教育専攻 (障害児教育学専修) 修士論文、pp.201 ～ 240。

小川英彦 (1992)：名古屋市における「精神薄弱」教育の成立過程に関する研究―戦前と戦後における個別学級、「精神薄弱」学級と八事少年寮との関連―、日本社会福祉学会第 40 回大会報告要旨集、pp.104 ～ 105。

小川英彦 (1993)：名古屋市の障害児教育史研究―戦後初期の「精神薄弱」学級の実態―、日本社会福祉学会中部部会発表。

(45) 斎藤キク (1959)：特殊教育の歩み、名古屋市教育館月報第 8 巻 4 号、p.83。

94

第 6 章　障害児教育福祉実践の意義

第1節　はじめに

　本章は他章との重複の記述もみられるが、本書全体の位置づけでは、総括といった特徴と意義があるゆえに第6章としてまとめることとした。

(i)

　障害児問題史研究において地域史研究が一定着手されている。障害児教育学研究会 (1988 年) の報告によれば、障害児問題史研究の中で地域史研究の占める割合は先述したように「5 〜 7% である」[1] とされる。そして、同研究会は、I. 総記、II. 障害者問題史生活史・処遇史、III. 障害者教育史・福祉史、IV. 障害者教育福祉制度史・政策史、V. 障害児学校史・施設史、VI. 障害児教育方法史、指導法史、実践史、VII. 障害者運動史、教育運動史、VIII. 障害者教育理論史・学説史、IX. 障害者教育福祉思想史・人物史という分類法を提起している。これら 9 つのカテゴリーの中で、本書のような地域史研究は、IIIの障害者教育史・福祉史に属するとしている。一例として、北野は石川県を対象に [2] [3]、船橋は茨城県を対象に行っている研究をあげられる [4][5]。また、菊池・本田 (1981 年) によると、「日本の各地域で実施されたきた社会福祉的活動を、丹念に発掘していく中から新しい社会福祉の歴史が生まれてくる [6]」ととらえ、この研究を地域社会福祉史研究と称している。ここでは、研究の方法を①生活実態に関する研究法、②各種の活動経過と実態を明らかにする研究法、③各時期における各種の活動の特色を明らかにする研究法、④社会福祉の「充実度」の歴史的発展過程を明らかにする研究法に分けている。

　本書では、こうした関連研究に学びつつ、地域に埋没している史料・資料を入念に調査することを通して、地域でかかえる教育と福祉の問題

を解決する糸口が見えてくること、「当該人物の全生涯にわたる多様な諸側面をできるだけ詳しく把握し総合して、全体像のなかに社会事業的側面のもつ意味の重さを位置づける[7]」という人物史研究の研究課題があること、個別的な地域の特殊性の中に日本という普遍性が含まれていることを考えるが故に、地域史研究として障害児教育福祉史研究を創造しようとするねらいがある。

(ii)

名古屋市・愛知県における知的障害問題への対応については、1922(大正11)年に名古屋市にて「劣等児」(＝学業不振児)を入級対象とした「個別学級」の設置(名古屋市では特別学級と称さず個別学級としていた)、その後感化院である愛知学園内に知的障害児のために開かれた特別学級(一ノ組)、1925(大正14)年に設立された愛知県児童研究所での知的障害児への事業、1937(昭和12)年に杉田直樹によって県下で最初に設立された精神薄弱児施設の「八事少年寮」、さらに、戦後初期の昭和20年代に試行的に開級された名古屋市の3つの精神薄弱児学級等があげられる。

ところで、愛知県における障害児への取り組みについての歴史の刊行物は、『愛知県特殊教育の歩み[8]』や『愛知県教育史[9]』があるだけである。これらの刊行物からは、障害児への教育や福祉での概要を理解することは可能であるものの、諸実践が成立する要因とその後の展開、詳細な実践内容、学級と施設間の相互関係、愛知県でいかなる時期にどんな役割を果たしたのかといった記述はかなり不十分である。その原因としては、新たな史料・資料の発掘が滞っていることがあげられる。

そこで、本書では、史料・資料の調査・渉猟する対象を、①個別学級、②愛知学園及び愛知県児童研究所、③八事少年寮、④戦後初期の名古屋市の精神薄弱児学級とした。

そして、これまで不明確であった名古屋市・愛知県における戦前から戦後初期にかけての知的障害問題の成立をめぐって、学級と施設の成立要因と展開、実践相互の関係を明らかにすることを目的とした。なお、本書では教育と福祉の統一的実現をめざす立場から、知的障害児の教育問題と生活問題を切り離すことなく、それらの関係構造を考察することを念頭に置いて進めていくことにする。

第2節 「個別学級」の成立過程

(1) 貧困問題を抱えた地域性

「個別学級」の存在に関して、脇田良吉著『異常児教育三十年』(1933年)によると、「大正14年末各府県に実施されたる低能児学級を有する学校名」という見出しで、「(名古屋市)八重、船方、白鳥、橘、南押切、大成」と6つの学校をあげている[10]。先に紹介した『愛知県特殊教育の歩み[11]』や『愛知県教育史[12]』における記述もこれとほぼ同じ内容になっている。また、文部省普通学務局の『全国特殊教育状況』(1923年、1925年調査)では、橘小、船方小、大成小、南押切小の4校が「特殊教育を実施しつつある学校名」としてあげられている[13]。これら4校の他に、愛知県教育会の『愛知教育』誌(1887年～1946年)や郷土誌を調査した結果、菅原小[14][15]や白鳥小[16][17]にも「個別学級」が存在していたことが文献上確認でき、少なくとも6校には設置されていることが判明した。

名古屋市社会課は個別学級が開設された時期(1922年～1923年)とほぼ同時期に『市内各町細民状態調査』(1924年9月)を実施している[18]。同調査と各校の所在地を照合すると、船方小のある熱田新田東組、南押切小のある南押切町が、貧困者と細民が多く住む地域に相当する。このことから、一部の「個別学級」は、貧困問題をかかえた地域に設置され

たことが指摘できる。また、南押切小のように家庭の貧困や労働のために就学困難な子どもに対して就学・出席を容易にしようとする就学奨励策の一環である特別学級が個別学級とは別に設けられているところもある[19][20]。

ところで、『愛知県統計書』第二編(教育)の 1913(大正 2)年から 1926(昭和元)年の毎号によると、名古屋市の学齢児童の就学率は 1922(大正 11)年に 98.95%、1923(大正 12)年に 99.15% となっている[21]。戸崎・清水 (1988 年) が「劣等児」の特別学級成立要因の仮説的検討を 9 点より提起しており、その中で「それぞれの学校が特別学級の設置に踏み切るころには、就学率が 98 〜 99% を越え始めている[22]」と指摘しているが、名古屋市においても同様な就学率の向上が認められる。このことは、それまで就学猶予または免除になっていた貧困児をはじめ多様な子どもが公教育の対象になっていったという経緯を示しており、貧困児を中心に学習に困難な子どもが「劣等児」として顕在化してくると把握することができるのである。

(2) 教育測定・知能測定への注目・普及

教育測定の方法は、大正期の新教育の支えとして広まってくるのであるが、「個別学級」が開設されるのと時期を同じくして、知能検査に関わる記載が『愛知教育』誌にかなり頻繁に出てくるようになり、当時の著名な知能測定心理学者の楢崎浅太郎の論文[23]や久保良英式の知能検査法の普及に関する記述[24]を見ることができる。

特に楢崎は、「個別学級」開設前年にあたる 1921(大正 10)年 12 月に名古屋市で行われた講演会で、「精神検査法」という演題で関係教員に講演している。翌年 8 月にも「優良児劣等児ノ鑑別及教育法」と題して、さらに、1924(大正 13)年 2 月には「一.学級編成ニ利用スヘキ素質検査法」「二.国語ノ教育測定ノ結果」と題して講演している[25]。これらのこと

から、名古屋市の教育界は、「個別学級」開設時前後に楢崎を幾度も招き、その影響下にあったといえる。その一例として、船方小においては「我が校では東京高等師範学校教授文学博士楢崎浅太郎先生に直接間接に鑑別法の指導を受け[26]」ていたと報告している。

　「個別学級」を編成するにあたって行われた児童鑑別法として、第1に学科試験を通して算術と読方の2教科での学力検査を行い、第2に成績不良の者より選び出した候補者を対象に知能検査(久保式の団体検査法か系列式検査法)を課している[27]。そして、最終的には、精神薄弱児とは明確に区別されるIQ70〜90の知的レベルの子どもが「個別学級」に入級していることから、数量的に表示された知能のレベルという尺度がかなり利用されていたと理解できる。

(3) 先行実践の吸収と伝統校での実験教育

　1920(大正9)年10月に、第3、4、5学年より20名を対象として(名古屋市も同様の20名で編成)東京市林町尋常小学校に、学業不振児のための促進学級(喜田正春訓導)が開設されている。そして、文部省は1922(大正11)年に「夏期講習に『就学児童の保護施設の研究』としてこの学級の実際を視察させ[28]」ており、名古屋市からも参加者があった。

　また、新教育の流れの中で永田与三郎著『大正初等教育史上に残る人々と、其の苦心』(1926年)が愛知県下で広く読まれ、その中には、東京高等師範学校附属小学校第三部の補助学級の初代担任であった小林佐源治の「低能児教育の若き経験」と題する実践が紹介されていた[29]。以上のように、先行実践されていた「劣等児」教育の研究成果を吸収しさらに発展させようとする気運の高まりの中で、名古屋市における「個別学級」の実践が展開されていったのである。

　なお、『名古屋教育総覧』によれば、菅原小・橘小・白鳥小・船方小の学校開校年は、1871(明治4)年から1873(明治6)年にかけてであり、

第 6 章　障害児教育福祉実践の意義　101

いずれの学校も伝統校、地域の中心校という性格を有している。伝統校、中心校であるがゆえに実験教育的な側面を持つこれらの学校が「個別学級」の設立校に選ばれたと把握できる。

第 3 節　愛知学園及び愛知県児童研究所の設立経緯と知的障害問題

　愛知学園は、1908(明治 41) 年 10 月に旧刑法の改正と感化法の一部改正の公布により感化院の設置義務が生じたため設立された。同学園は 1925(大正 14) 年頃に園長の伊東思恭によって欧米の感化教育法に基づく経営方針が確立したととらえられる [30][31]。また、愛知県児童研究所は 1925(大正 14) 年に開設され、それは愛知学園の敷地内に併設されていた。愛知学園の入園にあたっては愛知県児童研究所・愛知県鑑別所に調書を提出するという手続上のつながりがあった。

　愛知県児童研究所の設立趣意は、愛知県社会課『愛知県社会事業年報』(1925 年) によれば「広く児童の精神身体並に環境に関し学術的の調査研究を行ひ児童保護に関する知識の普及を図ると共に必要なる保護施設を為し、一般並に個々の児童の福利を増進せしむる目的を以て [32]」となっている。『愛知県社会事業年報』(1925 年〜 1930 年) と『愛知県児童研究所紀要』(1926 年〜 1931 年) の中から、知的障害問題に関わる特徴的事項を整理してみると、1928(昭和 3) 年を中心に知能検査法の標準化が進められ [33]、不良児に始まり聾児や低能児・精神薄弱児の調査をかなり行っている。また、各種の相談内容がある中で「智識ニ関スル相談」「不良児の精神鑑別」に関する内容が数多くあるのは特筆できよう。さらに、同研究所紀要所収論文の中には、知能の測定についての研究 [34] の他に、貧困児の個別調査や長期欠席児童調査、不良児や知的障害児の環境的条件に関する研究がみられる。

ところで、愛知学園の入園児について調べてみると、「本質上異る点は犯罪又は不良行為の有無であるけれども……(中略) ……この他教育上見逃がすことの出来ない諸点に一般に智能の低劣である、……家庭の資産並に社会的地位が著しく低き[35]」となっており、1925(大正 14) 年の入園児の 27.5% が久保良英式の知能検査結果による「低能児者」であると報告されている[36]。また、1931(昭和 6) 年に出された『感化教育の栞』には「愛知学園教育施設一班」という学園の組織図が収められていて、「生徒中智能の最も低劣なるものを以て一個の特別学級を編成し[37]」と規定した一ノ組が存在していたのである。こうした知的障害児への特別学級が設置された理由は、「素質に応ずる個人的教養を徹底せしめる為めと、医学上の治療と研究に便利ならしめんが為め[38]」であった。

1925(大正 14) 年頃の成立過程をめぐっては先述したように就学率の向上がみられる時期に相当し、残留不良少年の教育的な対応も愛知学園に期待されていた。感化院が好むと好まざるとにかかわらず、現実には知的障害児の感化院への混入があり、その対応に追られたと理解することができる。知的障害児への教育としては消極道ではあったものの、感化教育は知的障害児をも含みこんで刑事政策的治安維持機能を果たしていた一方、結果的には知的障害児教育の代替的機能も有していたと評価できる。

第4節 「八事少年寮」の成立過程—杉田直樹の治療教育思想の形成の中で—

治療教育施設である「八事少年寮」が開設されたのは 1937(昭和 12) 年 4 月 10 日である。施設長の杉田直樹の治療教育思想の形成過程においては、分類・症候論と病理論の所見から治療教育方法が案出され、実

践的に応用し、目的を達成しようとするのが治療教育学の内容であると考えることができよう。「『八事少年寮』開設前後には障害児問題や非行少年問題に関する著作論文を多数執筆した。『八事少年寮』開設後は、杉田自身の治療教育実践をもとにした事例研究や『精神薄弱』研究に関する論文を発表している[39]」と指摘されるように、1936(昭和11)年を杉田直樹の生涯で転換期として指摘したい。

　1936(昭和11)年、杉田直樹は『治療教育学』を出版、内科の坂本陽と協力して「子供ノ問題一切ノ医学的ノ相談ニ応ジ、必要ナ忠告ト治療ヘノ指示ヲ保護者ニ与ヘルコト[40]」を目的に、名古屋大学医学部病院内に児童治療教育相談所を設置している。1937(昭和12)年から1940(昭和15)年にかけての来談者数は、747人(男536人、女211人)で、その約3分の1が精神薄弱児であった。同児童治療教育相談所においては相談活動を可能ならしめたが、具体的な治療教育を施す場ではなかった。換言すれば、治療教育実践を推進するために、相談活動は一定の役割をもってはいたものの、子どもの抱える問題を根本的に解決するには不十分であって、生活全体をみる治療教育施設を設立することが必要であったのである。

　「八事少年寮」開設の頃の論文には、「今迄は単に理論的に論究しただけのものに止まつてゐたのであつたが、私は昨年以来ささやかな私財を投じて異常児童少年の収容所を私設し[41]」という意気ごみを見せている。他に、少年保護事業が社会政策的刑事政策的な範囲に止まっていること への疑問[42]、折角心理学的精神病的鑑別を行っても診断に適する収容機関がないことへのいらだち[43]、そして、実際に衝動性性格異常の児童が、少年教護院で処遇が断わられ、少年審判所へ移されても保護の対象とされなかったケースを診断したこと[44]を知ることができる。以上が開設への主な動機であった。

第 5 節　戦後初期の精神薄弱児学級の成立要因—戦前との連続性の中で—

　名古屋市における精神薄弱児学級の試行は、1948(昭和 23)年の旭白壁小、1949(昭和 24)年の菊井中、1954(昭和 29)年の幅下小にみることができる。本章では、戦後初期の成立要因と戦前との連続性(学級と施設の相互関係)を明らかにする目的より旭白壁小と菊井中を検討する。

　旭白壁小の「福祉教室」が開級される 1948(昭和 23)年当時の「八事少年寮」での実践は、施設長である杉田直樹をはじめ、杉田稔と武田公雄らを中心にして、「知能指導五十程度以上〜七十程度の児童十数名で学級を編成し、国語、算数、理科教育を[45]」行っていた。そして、この頃の「八事少年寮」の対象である浮浪児や孤児や非行児の中に精神薄弱などの障害のある子どもが含まれていたことが示しているように、当時の児童保護問題をめぐっては「疎開学童問題、乳幼児問題、精神異常児問題、戦災浮浪児問題、戦災孤児問題(引揚孤児問題も含む)、少年教護問題[46]」が山積していたのであった。

　それゆえに、杉田直樹を中心にして名古屋大学医学部精神科内に組織された「集団会」は、以上のような児童保護問題解決に向けての方策を取り上げたり、「愛知県特殊教育研究会」を開催するよう呼びかけたりしたのである。この「愛知県特殊教育研究会」(杉田直樹会長、橋本為次富士中学校長・副会長／名古屋大学医学部精神科事務局)は、その活動として岸本鎌一の「特殊教育について」や武田公雄の「知能検査法について」という講演会を 1948(昭和 23)年から 1949(昭和 24)年にかけて愛知県内の各地で実施していった。加えて、この時期に県内の小中学校で行われた知能検査結果を集約して、知能検査の分布状態を明らかに

し、知的障害児教育の対象児童数を算出した。

　こうした「八事少年寮」の設立者である杉田直樹をリーダーにした同施設での実践と「愛知県特殊教育研究会」の設置・啓蒙普及活動が旭白壁小の「福祉教室」をはじめ、戦後の名古屋市における精神薄弱児学級の開級に多大な影響を与えたと指摘できる。特に戦後初期の精神薄弱児教育現場の礎石形成過程では杉田直樹の尽力の成果として戦前からの連続性を見い出すことができる。

(1) 児童福祉法の影響の中で

　旭白壁小の「福祉教室」の開級の趣旨については、「すべての國民がその能力適性に應じて等しく教育が受けられ又すべての児童がひとしくその生活を保障せられて愛護されねばならないことは新憲法並に児童福祉法が明示している所である。吾々はこれに基づいてこの目的をかなえる為、その成長と発達を指導し見守らねばならない責任を負っている。最近児童福祉運動は、とみに活溌となり児童福祉は日々に揚進されつゝあるが一面学校に於て一人の所謂『忘れられた子』は居ないであろうか。本校に於ては、つとにこれに目をつけて、これら教室の一隅に忘れられた可憐なる精神薄弱児の特別教育乃ち『福祉学級』の經營を創めた [47]」と述べられている。この主旨から、第 1 に 1947(昭和 22) 年 12 月に公布された児童福祉法の精神を貫徹すべきという当時の時代背景を読みとることができる [48]。第 2 に担任となる桑原博の田村一二の『忘れられた子ら』(1942 年) の先行実践を拠り所にしようとした教育観を知ることができる。

　ちょうど 1948(昭和 23) 年時の旭白壁小は、6 月 1 日に愛知県から第 2 次実験学校の指定を受け、新教育の研究実践 (トライアウトスクールと称した) に取り組む時期に相当する。このトライアウトスクールの課題の中に、「教育の機会均等の立場から個人の能力に応じた教育を計画

実施し、個性を伸ばし、学校生活を豊かな楽しいものにしてやりたい。児童の中でいちばん学校生活を楽しんでいないのは精薄児であろう。まずここから手をつけよう。[49]」と明記されていた。そして、教育方針は、「社會性を養い天賦の個性を最大に発揮し獨立して生活し得る善良且健康な実践的活動的人間を育成 [50]」することとなっている。また、具体的目標は、「①社會性を養う、②健康な身体、③日常生活に對する良習慣、④根氣よく喜んで働く習慣態度、⑤社會生活をするために必要な最小限の基礎的技能獲得、⑥手の修練 [50]」となっている。

開級への大きな誘因には、名古屋大学医学部精神科の堀要を中心とした医学的な助言や入級判別が得られたことがあげられる。入級対象となる子どもの選択は、「①クラス担任の観察選択、②知能テスト、③性格テスト、④生育史・遺傳環境調査、⑤専門家の檢診指導、⑥家庭の承諾 [51]」という手順になされ、1948 年時に 19 人の子どもが入級している。19 人中 IQ 70 以上が 11 人を占めていることから、「福祉教室」は軽度の知的障害児を中心とした促進学級的な性格を有していたと把握することができる。

(2) 長期欠席児童対策の中で

1949(昭和 24) 年には菊井中で長期欠席児を教育対象とする「福祉学級」が開級されている。名古屋市教育委員会調査広報課は同年 4 月より 10 月にかけて、名古屋市の全中学校を対象に調査を実施している。その結果は、「就学通学事故者」(未就学、長期欠席、出席常ならざるものの総称) が 1,771 人 (約 3.0%)、「経済的事由による事故者」が 1,196 人 (約 1.99%) の数を計上している [52]。こうした状況下、「就学督促をくりかえした結果、週に一度くらいなら出てもよいと言つてきた二十有六名の児童をそのまま放置するにしのびなかつた [53]」ことから、「興味をもつて学習するように長欠者をしつけること」を目的に「福祉学級」が設置さ

第 6 章　障害児教育福祉実践の意義　107

れた。

　この「福祉学級」を学級経営するにあたって、まず入級生徒の特性を把握するという目的から知能測定がなされた。この測定結果は最劣7名、劣18名、下8名、中下4名、中1名となっていて、当初入級対象と考えられていた長欠児の中には知的な遅れがある子どもが存在することが明らかにされていった。以上のことから、菊井中での精神薄弱児教育の根本的な出発点は長欠児対策であると考えられる。

　菊井中は1952(昭和27)年3月、名古屋市教育委員会から「ホームルーム教育研究指定」を受けた。この研究を進めるために全校生徒に知能テストを実施している。その結果から、知能の遅れが認められ特別指導を必要とする生徒が66名、問題行動のある生徒が18名存在するという結論を出している。この測定結果から、「これと普通学級と同様な指導を続けて行くことに大きな問題があることに気づき、合議の結果、昭和27年9月より試験的に特殊学級を編成する(54)」ことになったのである。1952(昭和27)年の入級の基準は、「知能指数60以下のもの、性格に著しい異常のないもの、担任教官が適当と認め、保護者の承諾を得たもの、長期欠席者で学力がことに劣り、希望するもの」となっていた。実際にはIQ60以下、学力検査20点以下の生徒の中から、専門医が適当と診断し、保護者の承諾を得るという手順で11名を入級させていたと思われる。この11名の知能指数分布はIQ39以下4名、IQ40以上5名、IQ50以上1名、IQ60以上1名という内訳であった。

　1953(昭和28)年の教育方針は、「知恵の遅れた者でも、適当な環境と指導を与えて、その社会性を養い、自己の劣等感から解放された健康で明朗な生徒として成長させ、将来、社会の成員として、それぞれが各自の能力に応じて幸福な生活を営み得る能力を養う(55)」となっている。また、具体的目標は、「①日常生活をする上に必要な知識、技能、態度について、その最も基礎的な実際問題を取り上げて、できるだけ簡単に

実用化し具体化して、直観に訴え、筋肉を通して反復訓練させる機会を多く与えて修得するよう指導すること、②学年に拘泥せず、各自の能力に応じた指導をして、その伸長をはかると共に特に各自の長所の活用につとめること、③健康生活については習慣になるまで指導すること、④集団生活を通して、社会適応性を培うようにつとめること、⑤簡単な労作（作業）を通して、作業の基礎的陶冶をはかること、⑥感覚の訓練、体育、音楽、その他とくに図画、工作を指導の重点におく[56]」とし、川崎昂が担任となって「I組」という学級名で実践がなされていった。

第6節　おわりに

本章を終えるにあたって、以下にまとめを行ってみる。

第1に、「個別学級」や戦後初期の精神薄弱児学級の成立で共通する点は、当初から知的障害という障害のある子どもに注目していたというのではなく、貧児や長期欠席児への指導に着手しなければならないという眼前の児童問題への対応に追られ、そうした経過の中から知的障害教育への取り組みが生じてくるという順序性である。すなわち、これらの成立過程には、「貧困」を理由に修学上困難をもつ子どもへの対策、多くの「貧困児」が「劣等児」となっていくことへの対策が講じられたという共通点がある。言い換えれば、貧児や長期欠席児の「生活問題」への対応が根底にあり、その中から知的障害児の「教育問題」が付帯して起ってくるという問題の構図である。

第2に、知能検査への注目と普及は、知的障害児の存在を客観的に明らかにさせる一方で、人間の属性のひとつである知的能力が、それ以外の属性から分離して問題化することにもなっている。このことは、知的障害という障害を有するという機能的レベルの現象が、能力問題化、社会問題化してくるというプロセスとして考察できるのである。

第6章 障害児教育福祉実践の意義 109

　第3に、戦前から戦後初期にかけての知的障害問題は、教育と福祉の谷間の問題、言い換えれば、歴史的社会的に切り捨てられてきた児童の問題であると理解できる。さらに、精神医学者側からの知的障害児への着眼が、学校での教育対象となっていったという規定性をとらえることができるのである。

[注]

(1) 障害児教育学研究会、高橋智・清水寛・荒川智・依田十久子・山本晴彦・渡辺健治・平田勝政「障害者問題史研究の動向と課題―研究方法論の検討を中心に―」(精神薄弱問題史研究会『障害者問題史研究紀要』、第31号、pp.3～25、1988年)。

(2) 北野与一『障害教育・福祉の源流』(1997年、不昧堂出版)。

(3) 北野与一「石川県の障害児教育成立に関する一考察 ―障害児学校及び障害児学級の成立事情について―」(日本特殊教育学会『特殊教育学研究』、第18巻第4号、pp.49～58、1981年)。

(4) 船橋秀彦「大正期茨城における特殊教育・特殊学級」(茨城の近代を考える会『茨城近代史研究』第3号、pp.52～69、1988年)。

(5) 船橋秀彦「第二次世界大戦前の地域障害児教育史―地域障害児教育史の茨城県における展開―」(精神薄弱問題史研究会『障害者問題史研究紀要』、第32号、pp.33～37、1989年)。

(6) 菊池義昭・本田久市「地域社会福祉史研究のすすめ」(一番ケ瀬康子・高島進『講座社会福祉第2巻　社会福祉の歴史』pp.331～339、1981年、有斐閣)。

(7) 長谷川匡俊「人物史研究の課題」(社会事業史研究会『社会事業史研究』、第21号、pp.ii～iii、1993年)。

(8) 愛知県特殊教育の歩み編集委員会『愛知県特殊教育の歩み』(1977年)。

(9) 愛知県教育委員会『愛知県教育史第3巻』(pp.825～832、1973年)。
　　愛知県教育委員会『愛知県教育史資料編近代四』(pp.589～641、1995年)。

(10) 脇田良吉『異常児教育三十年』p.9、1932年、日乃丸会。

(11) 前掲書(8)pp.25～32。

(12) 愛知県教育委員会『愛知県教育史第4巻』、pp.299～301、1975年。

(13) 清水寛・戸崎敬子「第二次大戦前における『特別学級』の実態[1]―先行関連研究の整理と文部省の大正期における調査報告の検討―」(『埼玉大学紀要教育学部教育科学』、第34巻、1985年)。

(14) 柳川石次郎「劣等児童救済の小さな試み」(『愛知教育』、第420号、1922年12月)。

(15) 柳川石次郎「我が校の施設概要」(『愛知教育』、第424号、1923年4月)。

(16) 名古屋市立白鳥小学校開校百周年記念行事委員会『開校百年白鳥』、p.31、1972年。

(17) 「10.白鳥小学校　太田とも」p.131(『熱田風土記巻六』、熱田久知会、1970年)。

(18) 名古屋市社会課『市内各町細民状態調査』、1925年。(社会福祉調査研究会『戦前　日本社会事業調査資料集成　第一巻、貧困1　大正期』、pp.358～378、1986年、勁草書房に再掲させている)

(19) 名古屋毎日新聞社『名古屋教育総覧』(p.45、1925年9月)に「南押切尋常小学校 ……(中略)……学級数尋常十二、高等一、特別学級二、個別学級一」という記述がある。

(20) 名古屋市では1919年6月に「特別学級児童取扱ニ関スル手続」を告示し、尋常小学校に特別学級の編成の基準を定めている。(詳細は愛知県教育委員会『愛知県教育史第4巻』pp.35～36、pp.59～60「特別学級編成の通牒」(愛知県公報)参照のこと)

(21) 名古屋市役所『大正昭和　名古屋市史第六巻』(p113、1954年)に「大正11年までは常に98%台を示していたが、12年度には99.15%となり、さらに15年度には99.58%の高率を示す」という同様の記述がある。

(22) 戸崎敬子・清水寛「大正期における文部省『全国特殊教育状況』の『特殊教育実施校』に対する実地調査報告I―『特殊学級』成立要因の仮説的検討 ―」(『高知大学教育学部研究報告　第1部』第40号、p.132、1988年)。

(23)『愛知県教育史研究ノート―学校教育百年の歩み―』(pp.122～123、1967年)に楢崎の「精神検査とは如何なるものか」という論文が当時発表されたという記述がある。

(24) 愛知県教育会『愛知教育』第425号(pp.8～22、1923年)に「児童の知能検査に於て」という論文が紹介されている。

(25) 名古屋市役所教育課『個別学級研究報告』(1924年2月)の中で、「本市が個別学級ノ研究ヲナサシムルニ当り施設セシ概況ハ左ノ如シ」として記述されている。

(26) 名古屋市役所教育課・船方尋常小学校『個別学級研究報告』p.1、1924年2月。

(27) 南押切小は団体検査法を、船方小・大成小は系列式検査法を行っていた。また、菅原小は「テルマン(ターマン)氏の個人知能検査法に準拠」(カッコ内―筆者)、橘小は「久保氏並びにテルマン氏の分類法に照して」とあり併用していた。

(28) 喜田正春「大正・昭和初期の"促進学級"」(全日本特殊教育研究連盟『精神薄弱児研究』156号、p.36、1971年)。

(29) 前掲書(23)p.124。

(30) 伊東思恭『欧米不良少年感化法』(1903年、沙村書房)に、イギリス感化院の歴史及びイギリス感化学校法などを紹介している。『欧米不良少年感化法第二編』(修道園)は続編であり、『感化術』(修道園)の著作もある。

31) 加藤宏明「むかしといま」(『愛知学園年報』、p.88、1974年)。

(32) 愛知県社会課『愛知県社会事業年報』、p.19、1925年。

(33) 愛知県社会課『愛知県社会事業年報』、pp.8～9、1928年。

第 6 章　障害児教育福祉実践の意義　111

(34) 所長を務めた丸山良二と石川七五三二による知能検査に関する研究が圧倒的に多い。

(35) 愛知県『愛知学園児童鑑別所彙報第一回』、p.91、1925 年。

(36) 前掲書 (35)p.59。

(37) 愛知学園『感化教育の栞』(附愛知学園教育施設概要)、p.15、1930 年。
(日本感化教育会『感化教育』第 18 号、pp。56 ～ 70、1930 年にも再掲)

(38) 愛知県立愛知学園教諭二村英巖「感化院家族舎の分化」(日本感化教育会『感化教育』
第 19 号、pp.48 ～ 51、1931 年)。

(39) 山崎由可里『戦前期治療教育思想の研究 —杉田直樹を中心に—』(名古屋大学大学院
教育学研究科修士論文、1996 年)p.24。

(40) 堀要「名古屋帝国大学医学部児童相談所来訪児童ノ集計的観察 (其ノ 1)」(『名古屋医
学会雑誌』第 58 巻第 3 号、p.277、1943 年)。

(41) 杉田直樹「保護事業を進歩せしむる一要素」(『社会事業研究』第 26 巻第 12 号、p.60、
1938 年)。

(42) 杉田直樹「異常児童と医療に就いて」(『東京医事新誌』3117 号、p.21、1939 年)。

(43) 杉田直樹「保護少年の精神薄弱について」(『社会事業研究』第 27 巻第 9 号、p.123、
1939 年)。

(44) 杉田直樹「社会事業の欠点」(『社会事業研究』第 25 巻第 11 号、pp.73 ～ 74、1937 年)。

(45) 前掲書 (8)p.31。

(46) 遠藤由美「敗戦後児童問題対策に関する一考察—合宿教育所政策を中心に—」(『教育
論叢』、第 28 号、p.68、1984 年)。

(47) 名古屋市立旭丘小学校「精神薄弱児教育の一端」(『名古屋市教育館報』、第 2 号、p.3、
1949 年)。

(48) 愛知県特殊教育研究協議会『特殊教育 10 年のあゆみ—精神薄弱教育—』、pp.2 ～ 3、
1966 年。

(49) 前掲書 (48)p.1。

(50) 名古屋市立旭白壁小学校『昭和 23 年度福祉教室経営』、pp.1 ～ 2、1949 年。

(51) 前掲書 (47)pp.3 ～ 4。

(52) 加藤徳一「中学校における長欠者対策と福祉学級の経営について」(『名古屋市教育委
員会教育研究紀要』、p.42、1949 年)。

(53) 前掲書 (52)p.45。

54) 名古屋市立菊井中学校『特殊学級のカリキュラム』、p.4、1960 年。

(55) 川崎昂『この人に聞く—学級経営の原理はと問われて—』、p.8。

(56) 前掲書 (55)p.5。

112

第7章　名古屋・愛知における教育福祉史文献目録

第1節　はじめに

　筆者はこれまでたとえば、日本社会福祉学会において「戦前における『障害者福祉』関係文献目録」（『社会福祉学』第 32 − 1 号、pp.191 〜 219、1991 年)、社会事業史学会において「わが国における治療教育学説史の動向」（『社会事業史研究』第 19 号、pp.133 〜 147、1991 年) などを報告してきた。『障害児教育福祉史の記録―アーカイブスの活用へ―』（三学出版、2016 年) は、関連した文献目録を整理した。

　先駆的教育福祉機関においては当時の文献・史料・資料をアーカイブズとして保存している所がある。それを受けて、昨今では保存された貴重なものを整理して報告していく作業が進められつつある (2005 年からの日本特殊教育学会の自主シンポジウムの継続報告など)。また、そうした機関ではないものの、大学や自治体の図書館・図書室・資料室などにおいていまだに貴重な史料・資料が残されていることも稀ではない。

　こうした研究動向をふまえて、本章では筆者が長年教育と福祉実践に関係してきたこと、地域史研究の立場から名古屋・愛知を対象にした文献目録を整理した。対象とする児童によって研究の境界線をどこに置くかということがあるが、なるべく多くの対象児を加えて検討しないと名古屋・愛知の教育福祉史研究全体が非常に狭い感じになってしまうので今回は広く扱うことにした。

第2節　本文献目録で対象とする史料・資料

　筆者は、戦前からの歴史研究を進めるという課題をもっているので、本章では次の (1) から (4) については昭和の時代に執筆・刊行となったものを対象とした。そして、(1) 行政関係物 (要覧、事業概要など)、(2)

第 7 章　名古屋・愛知における教育福祉史文献目録　115

施設、学校などの機関からの刊行関係物、(3) 教育会、委員会、協会、研究所などの関係物、(4) 当時に書かれた論文、文献、(5) 名古屋・愛知を対象とした昨今報告された歴史研究論文、文献といった、5 つのカテゴリーに分けて執筆年順に概要を紹介した。特に、福祉分野に留まるのではなく教育分野もふくめて、乳幼児期から学齢期における障害問題、非行問題、貧困問題、保育問題などを念頭に置いて整理した。

第3節　史料・資料の一覧

(1) 行政関係物

『愛知県社会事業年報』(1926:1) は 1925 年度より刊行されており、①児童研究並に保護監督機関 (児童研究所、児童鑑別所、児童保護員制度)、②貧児教育事業、③異常児保護施設 (盲啞教育、不具者教育、感化事業) を紹介している。『名古屋市小学校各部共用研究発表要録』(1926:2) には個別学級のひとつである菅原小学校の鶴見春雄の「算術科に於ける成績不良児童の研究と其救済」と題する実践報告が所収されている。同じ市役所教育課から『名古屋市高等小学校公民教育教授資料』(1926:3) が出され、社会事業として職業紹介所、愛知育児院、愛知学園、託児所、養老院、共同宿泊所がまとめられている。『名古屋市私営社会事業概要』(1928:4) には①愛知育児院、②名古屋養育院、③愛知学園出園生後援会、④県立愛知学園、⑤愛知県児童研究所の概要が紹介されている。『愛知県社会事業年報』(1931:5) は異常児保護事業の中で、盲啞教育と感化教育を取り上げ後者では愛知学園の入退院の状況や入院当時の教育程度の資料が載っている。『郷土研究概観大名古屋』(1933:6) の社会事業では5 つの施設について私設社会事業の助成を散見することができる。『昭和 8 年度小学校研究発表要項』(1934:7) には劣等児指導に関して俵、下奥、共立、幅下の各尋常小学校の実践報告が記述されている。『児童保

護事業綱要』(1935:8) は 1934 年に日本少年教護協会が第 5 回児童保護
事業講習会を名古屋市で開催したときの講義内容である。注目できるの
は杉田直樹の「保護児童の医学的考察」、佐々木鶴二の「保護児童の体
質」、児玉昌の「精神薄弱の原因と対策」が紹介されている点である。『愛
知県方面委員執務必携』(1937:9) からは愛知学園の 1937 年現在の在籍
状況 (145 名、9 歳から 17 歳まで) がわかる。『愛知県史第四巻』(1940:10)
は社会事業として①総説、②救護事業、③経済的福利事業、④労働保護
事業、⑤児童保護事業 (乳幼児並に母性保護施設、託児所、貧児教育施
設、感化教育施設、児童保健施設)、⑥保健救療事業、⑦一般社会事業
に分けて述べている。『全国社会事業施設要覧』(1949:11) は 1948 年 6
月以降の資料に基づき①児童保護事業 (母子保護、乳児保護、保育、育児、
虚弱児保護)、②少年教護並少年保護、③隣保事業を報告している。『大
正昭和名古屋市史』は第 6 巻 (1954:12) に校園教育と社会教育について、
名古屋市事務報告、名古屋市公報、名古屋市統計書、名古屋市教育概要
をもとに記述している。同史第 8 巻 (1955:13) に児童保護施設について
児童の保健、児童の養護、特殊児童の保護 (貧児、不良少年、異常児)
を、名古屋市社会事業概要、名古屋市学事要覧、名古屋市私営社会事業
概要、名古屋市史政治編第三、愛知県社会事業概要、愛知県社会事業年
報、愛知県史第四巻などをもとに整理している。『名古屋市における社
会福祉事業概要』(1955:14) は児童福祉事業として①保育事業、②母子
福祉事業、③問題児の保護、④子供会の育成、⑤その他をあげている。
名古屋市民生局は『民生事業概要』(1958:15) を各年度に報告しているが、
児童福祉機関として①児童福祉審議会、②児童相談所、③社会福祉事務
所、④児童福祉司、⑤児童委員を、要保護児童の対策として①養護事
業、②保育事業、③ぐ犯少年及び非行少年、④長期欠席児童の項目をた
てている。『名古屋市の民生事業』(1958:16) では 1957 年から 1958 年
の名古屋市所管の施設状況をみることができる。『名古屋市の民生委員

40 年のあゆみ』(1963:17) においては 1946 年から 1947 年にかけての名古屋市厚生事業概要からの保護施設収容者調がまとめられている。さらに、名古屋市は『民生事業のあらまし』(1969:18) を各年度に報告しているが、①児童福祉、②母子福祉、③老人福祉、④精神薄弱者福祉、⑤身体障害者福祉、⑥生活保護のカテゴリーになっている。『なごやの福祉』(1974:19) には 50 年前の社会福祉、戦後の歩みと変遷があり、次に①生活保護、②児童の福祉、③身体障害者の福祉、④精神薄弱者の福祉、⑤老人の福祉ごとに施設紹介がある。『児童相談所 40 年のあゆみ』(1988:20) では 1927 年から 1987 年までの資料一覧とともに、1945 年から 1988 年までの児童相談所と全国・愛知県の児童保護の動向がまとめられている。

(2) 施設、学校などの機関からの刊行関係物

『感化教育の栞』(1930:21) には愛知学園内に設置されていた愛知県児童保護会の規約、愛知学園教育施設一班の組織図が記されている。組織図では特別学級 (一ノ組) の存在が確認できる。『教護児童の研究』(1936:22) では佐々木鶴二、岸本鎌一が愛知学園の児童を対象に身体的・精神的・社会的方面について医学的立場から詳細に調査考究している。『学園のあゆみ』(1951:23) は名古屋市本宿郊外学園の開園からの 5 年の歩みを、生活 (衣食住) の充実期、教育内容の充実期、生産教育についてと職業指導施設の充実期に区分している。『この子らに希望を』(1966:24)、『子どもは何を望んでいるか』(1976:25)、『力強い障害児の育成』(1981:26) はいずれも藤田貞男の名古屋養護学校を中心とした実践記録である。『愛知学園年報』(1969:27) は 1909 年から 1934 年までの収容人数調、退園者数調、退園時の状況を報告している。また、同年報 (1974:28) ではむかしといまと題して学園の経緯を知ることができるし、『創立七十年記念誌』(1979:29) も刊行されている。『名古屋てを

つなぐ親たち』(1973:1983:30) の創立 20 年と 30 年記念特別号が刊行されている。『坂道をのぼる子ら』(1983:31) はさわらび園に通う母親の手記、母親グループカウンセリング逐語録、堀要の発達と成熟という論文が掲載されている。『愛知育児院百年記念風の中の子ら』(1987:32) には1986 年 5 月から 12 月にかけて中日新聞に連載された 40 編と前身時代の愛知育児院の記録がある。

(3) 教育会、委員会、協会、研究所などの関係物

『愛知県児童研究所紀要』(1925:33) は 1925 年より刊行されており、第 3 輯までは①調査研究 (丸山良二による)、②児童保護、③解説評論、④雑録彙報から、第 6 輯までは①心理学的研究 (石川七五三二による)、②医学的研究 (佐々木鶴二による)、③調査及保護、④雑報及紹介から構成されている。『感化教育第 18 号』(1930:34) は感化法発布 30 年記念事業と出されているが、内容は先述した『感化教育の栞』と同じである。『第四回大谷派少年保護事業講習会講演集』(1933:35) には大石三良 (愛知県社会主事)、浅野霊麟 (愛知学園長)、杉田直樹 (名古屋医科大学教授)の論文が所収されている。『愛知県教育要覧』(1949:36) では特殊教育として①盲、ろう学校、②特殊学級を紹介しており、精神薄弱児は愛知県全学齢児の 2.5% にあたるとしている。『特殊教育事例研究集録』(1954:37)は 1953 年市制地域の就学猶予免除申請者に対する認可数を報告しており、その中で身体虚弱関係として大府小中学校大府荘分校、名古屋市立武豊学童保養園、精神薄弱関係として名古屋市立八事小学校、川名中学校の障害児の受け入れに触れている。『伊勢湾台風災害誌』(1961:38) においては被災孤児等福祉活動、臨時保育所の開設、被災児童の慰問が述べられている。『愛知県郷土資料総合目録』(1964:39) は愛知教育をはじめ多くの教育関係誌や学校沿革などを所蔵している図書館・大学名を整理している。『愛知県戦後教育史年表』(1965:40) は戦後の愛知の教育を

第7章　名古屋・愛知における教育福祉史文献目録　119

3つに時期区分して記述しており、年表作成のために使用した約20の基礎資料があげられている。『愛知特殊教育10年のあゆみ』(1966:41)では精神薄弱教育10年として歴史、研究活動の実際、関係諸団体の活動と3部から成っており、名古屋大学グループの研究活動も紹介されている。また、『愛知県教育史』(1973:42)が3巻刊行され、地方教育史として『大府教育史』(1973:43)も刊行されている。『愛知県特殊教育の歩み』(1977:44)は戦前と戦後の歴史を整理する際に活用した参考文献を20ほど紹介している。『名養連のあゆみ』(1977:45)では沿革、功労者(青山衝天、鈴木修学、杉本善教、能登芳隆、椎尾弁匡、長谷川秀和)、活動状況、事例発表、資料をまとめている。『児童相談所創立20年誌』(1977:46)では名古屋市の1957年から1976年までの通園施設の在園児の推移、当時の心身障害児の早期療育のあり方を知ることができる。『あいちの特殊教育』(1978:47)はわが国での障害児教育100年を記念してのパンフレットである。『名古屋の子どもたち』(1980:48)においては名古屋の子どもの問題状況として①養護に欠ける子、②障害をもつ子、③子どもの非行について記されている。『名聾八十年史』(1981:49)は愛知県立名古屋聾学校の80年の歩み、回顧、現況、展望を詳述しており、同書を作るにあたっての参考文献目録が末尾に整理されている。『愛知の福祉』(1987:50)は総論、各論、回顧と展望、資料から愛知県社会福祉協議会35年の歴史をまとめている。『愛知県特殊教育のあゆみ』(1989:51)では養護学校義務制以降の歴史を詳しく記述しており、愛知県教育委員会と名古屋市教育委員会の関係文献一覧がのっている。『愛知県教育史資料編近代二』(1989:52)には特殊教育として拾石訓啞義塾、私立豊橋盲啞学校、私立名古屋盲啞学校、愛知学園の規則、平面略図、生徒調査一覧が整理されている。『月刊刑政』(1955:53)からは愛知少年院、豊ケ岡農工学院、瀬戸少年院の概要をうかがえる。『中部矯正』(1970:54)からは豊ケ岡農工学院、宮川少年院、瀬戸少年院、豊浦医療少年院、名古屋

少年鑑別所の概要をうかがえる。

(4) 当時に書かれた論文、文献

　丸山 (1929:55) は 1925 年から 1928 年にかけて児童鑑別所で調査した子どもの状況 10 項目の結果を報告している。たとえば、愛知学園児童の知能について最下智 12.3%、下智 24.7%、平均智下 39.7% となっている。また、丸山は同じ内容を『教育心理学』(1933、56) と『少年保護』(1938:57) で論じている。二村 (1931:58) は個別的な保護・教育・治療を促す目的から愛知学園の家族舎を正常児と精神薄弱児の部屋を区別したと述べている。また、二村 (1934:59) は愛知学園の生徒を対象にした調査を行いたとえば知能指数 90 以下が約 66% を占めるとしている。尾瀬 (1934:60) は津島共存園、西尾隣保館、一里山隣保館の現状にふれている。加藤 (1938:61) は豊ケ岡可塑園の現状を報告している。同様な現状報告が上田 (1938:62) により豊浦少年療養所についてなされている。『精神遅滞児教育の実際』(1949:63) には戦後初期に先駆的に創設された名古屋市旭白壁小学校のカリキュラムが所収されている。半田市立成岩小学校 (1953:64) は特殊教育指定校として名古屋大学の堀、村上の両先生の協力のもと通常学級での学業不振児への指導を報告している。川本 (1954:65) はろう教育の革新への貢献として名古屋市立盲啞学校と西川吉之助をあげている。被災学生を守る会 (1960:66) は伊勢湾台風での学生救援活動の記録をまとめている。小林 (1973:67) は田中義那が 1935 年に設立した豊浦医療少年院の院史を整理している。青山 (1973:68) は終戦前と後の児童福祉施設一覧、終戦直後の浮浪児の実態を愛知県立鷹羽寮の実態を通して述べている。

(5) 名古屋・愛知を対象とした報告された歴史研究論文、文献

吉田 (1956:69) は愛知の施設史研究の草創として愛知育児院の実態を
5つの点から論じている。吉川 (1966:70) は司法保護の先人と称される
加藤清之助に焦点をあてた人物史研究を試みている。有坂 (1966:71) は
愛知県統計書、愛知県統計年鑑の行政資料、西尾幼稚園や古知野二葉
保育園の史料を使って愛知の保育所・幼稚園の歴史を取り上げている。
昭和 39 年度児童福祉実習グループ (1966:72) は八事少年寮、明徳少年
宛、衆善会乳児院などの状況をまとめている。三上・吉田 (1968:73) は
愛知県社会事業一覧、警友、新愛知新聞、名古屋新聞を資料として王
子、平野の部落問題を研究している。田中 (1969:74) は愛知県教育会雑
誌、愛知県広報などの資料を使って熊木直太郎の碧海小垣江小学校、富
田悦三の渥美郡大草小学校の子守教育の実践を明らかにしている。宇治
谷・近藤・吉田 (1969:75) は①愛知県の児童福祉施設の歴史、②昭徳会
とその経営する養護施設、③精神薄弱児施設八事少年寮について詳述し
ており、執筆にあたっての参考文献、三上孝基らの関係者の聴取もあげ
られている。名古屋市立大学医学部神経精神医学教室 (1969:76) は岸本
鎌一の略歴と業績一覧をまとめている。吉田・高司 (1971:77) は愛知県
議会史、愛知県史、名古屋市の市庁文書を調査して明治期の社会事業史
をまとめている。さらに吉田・高司 (1972:78) は継続研究として大正期
の社会事業史も作成している。高橋 (1975:79) は大阪救済事業研究会の
『救済研究』と名古屋新聞を資料として愛知県救済協会の設立過程を述
べている。また、高橋 (1976:80) は明治期と大正期を対象として児童保
護及び関連事項と一般事項から年表を作っている。竹内 (1976:81) は昭
和初期の社会事業の状況を概観している。三上 (1979:82) は愛知育児院
を取り上げ明治初期から第二次大戦までの約 70 年間の歴史にふれてお
り、愛知育児院日記抄と森井清八の自伝的履歴書を紹介している。三上
(1980:83) は①育児事業、②盲唖教育、③感化事業 (教護)、④保育事業、
⑤その他の児童保護施設の観点から明治及び大正期の児童保護問題を検

討している。高橋 (1980:84) は三河育児院の院則、西尾市史編纂室から
の関係資料から三河育児院の実態を明らかにしている。永岡 (1980:85)
は 1925 年から 1931 年に刊行された愛知社会事業協会機関誌『共存』
の特徴を述べている。精神薄弱問題史研究会 (1980:86) は愛知に関係の
ある杉田直樹と児玉昌を人物史研究であげている。三上 (1981:87) は
1922 年から 1960 年間を自伝的記述で回顧している。社会福祉調査研
究会 (1983:88) は乳幼児死亡、保育、児童保護、貧児保護、感化などの
児童問題と障害問題を対象とした愛知と名古屋での調査一覧を掲げてい
る。中田 (1985:89) は戦時体制下の女性の労働と保育問題を取り上げて
おり、1921 年から 1945 年の名古屋市立保育所年譜が整理されている。
遠藤 (1987:90) は虚弱児養護学園である野間、武豊、本宿、横須賀郊外
学園について調べている。田代・菊池 (1989:91) は愛知に関係のある森
井清八、青山衝天、加藤清之助、三上孝基について人物史研究から述べ
ており、いくつかの参考文献が掲げられている。長谷川 (1990:92) は養
護施設の変遷、学校併設養護施設の変遷を論じている。小川 (1990:93)
は八事少年寮の園長である杉田直樹の治療教育思想をまとめている。浦
崎 (1990:94) は名古屋市における障害児保育の変遷、制度、問題点につ
いて言及している。小川 (1991:95) は名古屋市役所教育課や愛知県教育
会の『愛知教育』の資料より戦前に創設された個別学級の実態を明らか
にしている。小川 (1993:96) は愛知県児童研究所の役割を明らかにして
いる。さらに、小川 (1993:97) は昭和 20 年代に開設された精神薄弱児
学級を①成立過程、②教育内容、③抱えた問題点から比較検討している。
前田 (1996:98) は 1926 年から 1941 年までに開催された教員養成講習会
の役割について名古屋聾学校所蔵関係文書、『口話式聾教育』、『聾口話
教育』を資料としてまとめている。川崎、森島 (1997:99) は川崎昂の特
殊学級時代、無認可作業所時代、ひかり学園時代の実践をまとめている。
また、川崎、星野 (1998:100) は実践活動に関する資料と面接調査から

の資料をもとに川崎昂の教育思想を発表している。小川 (1998:101) は戦前から戦後初期にかけて知的障害問題の成立をめぐって学級と施設の成立要因と展開、実践相互の関係を明らかにしている。山崎 (1998:102) は名古屋大学大学院教育学研究科の修士論文「戦前期治療教育思想の研究―杉田直樹を中心に―」のあと、名古屋医科大学就任前後の様子や名古屋における杉田の活躍についてまとめている。また、山崎 (1999:103) は①杉田の治療教育思想の形成要因、②八事少年寮開設の要因、③杉田の障害児問題解決について論及している。長谷川 (2000:104) は愛知県の 27 の児童養護施設の設立経緯にふれている。宍戸健夫 (2002:105) は名古屋保育問題研究会と愛知県保育問題研究会の歩みについて① 1960 年代、② 1970 年代から 1990 年代に区分して総括している。清原、豊田、原、井深 (2003:106) は昭和 20 年代と 30 年代の名古屋市の幼稚園と保育所の保育記録から実際をまとめている。後藤 (2005:107) は児玉昌の略年譜と業績一覧を整理している。西山茂、秦安雄、宇治谷義雄 (2005:108) は①鈴木修学とその教団、②鈴木修学の実践福祉、③鈴木修学と仏教福祉について論述している。

第4節　おわりに

　今回の作業を進めるにつれ、施設、園、学校などの機関には発掘されていない史資料がまだあることが明らかになってきた。これらの文献目録は今後の継続報告としたい。なお、本書では第1章において『名古屋・愛知の教育福祉史研究の動向』で先行関連研究を整理した。この第7章とあわせて読んでいただくと、全体像に向けて一歩先がみえてくるものがあると思われる。

【注】

(1) 愛知県社会課『愛知県社会事業年報』(1925年度〜1929年度)。

(2) 名古屋市役所教育課『名古屋市小学校各部共用研究発表要録』(1926年)。

(3) 名古屋市役所教育課『名古屋市高等小学校公民教育教授資料』(1926年)。

(4) 名古屋市社会部『名古屋市私営社会事業概要』(1928年)。

(5) 愛知県学務部社会課『愛知県社会事業年報』(1931年)。

(6) 名古屋市教育会『郷土研究概観大名古屋』(1933年)。

(7) 名古屋市教育部『昭和8年度小学校研究発表要項』(1934年)。

(8) 愛知県児童保護会『児童保護事業綱要』(1935年)。

(9) 愛知県社会課『愛知県方面委員執務必携』(1937年)。

(10) 愛知県『愛知県史第四巻』(1940年)。

(11) 日本社会事業協会社会事業研究所『全国社会事業施設要覧』(1949年)。

(12)(13) 名古屋市役所『大正昭和名古屋市史』第6巻(1954年)、第8巻(1955年)。

(14) 名古屋市民生局『名古屋市における社会福祉事業概要』(1955年)。

(15) 名古屋市民生局『民生事業概要』(1958年度—1968年度)。

(16) 名古屋市民生局『名古屋市の民生事業—現況の検討と反省—』(1958年)。

(17) 名古屋市『名古屋市の民生委員40年のあゆみ』(1963年)。

(18) 名古屋市『民生事業のあらまし』(1969年度〜1986年度)。

(19) 名古屋市民生局『なごやの福祉』(1974年)。

(20) 愛知県『児童相談所40年のあゆみ』(1988年)。

(21) 愛知学園『感化教育の栞』(附愛知学園教育施設概要)(1930年)。

(22) 愛知学園『教護児童の研究』(1936年)。

(23) 名古屋市本宿郊外学園『学園のあゆみ』(1951年)。

(24) 藤田貞男『この子らに希望を—手足の不自由な子—』(1966年)。

(25) 藤田貞男『子どもは何を望んでいるか—障害とたたかっている子ら—』(1976年)。

(26) 藤田貞男『力強い障害児の育成—心の蕾を開かせよう—』(1981年)。

(27) 愛知学園『愛知学園年報』(1969年)。

(28) 愛知学園『愛知学園年報』(1984年)。

(29) 愛知学園『創立七十年記念誌』(1979年)。

(30) 名古屋手をつなぐ親の会『名古屋てをつなぐ親たち』(1973年、1983年)。

(31) さわらび園『坂道をのぼる子ら』(1983年)。

(32) 愛知育児院『愛知育児院百年記録風の中の子ら』(1987年)。

(33) 愛知県児童研究所『愛知県児童研究所紀要』(1925年〜1931年)。

(34) 日本感化教育会『感化教育第18号感化法発布30年記念号 下』(1930年)。

(35) 真宗大谷派宗教所社会課『第四回大谷派少年保護事業講習会講演集』(1933年)。

第 7 章 名古屋・愛知における教育福祉史文献目録 125

(36) 愛知県教育委員会『愛知県教育要覧』(1949 年)。

(37) 愛知県教育委員会『特殊教育事例研究集録―第二集―』(1954 年)。

(38) 名古屋市『伊勢湾台風災害誌』(1961 年)。

(39) 愛知図書館協会『愛知県郷土資料総合目録』(1964 年)。

(40) 愛知県科学教育センター『愛知県戦後教育史年表』(1965 年)。

(41) 愛知県特殊教育研究協議会『愛知特殊教育 10 年のあゆみ』(1966 年)。

(42) 愛知県教育委員会『愛知県教育史』第一巻、第二巻、第三巻 (1973 年)。

(43) 大府教育史編さん委員会『大府教育史』(1973 年)。

(44) 愛知県特殊教育の歩み編集委員会『愛知県特殊教育の歩み』(1977 年)。

(45) 名古屋市児童養護連絡協議会『名養連のあゆみ』(1977 年)。

(46) 名古屋市児童福祉センター『児童相談所創立 20 年誌』(1977 年)。

(47) 愛知県特殊教育百年記念会『あいちの特殊教育』(1978 年)。

(48) 名古屋市児童問題懇談会『名古屋の子どもたち―その現状と将来を考える』(1980 年)。

(49) 愛知県立名古屋聾学校『名聾八十年史』(1981 年)。

(50) 愛知県社会福祉協議会『愛知の福祉―愛知県社会福祉協議会三十五年史―』(1987 年)。

(51) 愛知県特殊教育推進連盟『愛知県特殊教育のあゆみ―養護学校教育の義務制以降―』
(1989 年)。

(52) 愛知県教育委員会『愛知県教育史資料編近代二』(1989 年)。

(53) 矯正協会『月刊刑政』第 66 巻第 10 号 (1955 年)、第 67 巻第 9 号 (1956 年)、第 71 巻
第 7 号 (1960 年)。

(54) 名古屋矯正管区『中部矯正』第 2 巻第 3 号 (1970 年)、第 6 巻第 1 号、第 3 号 (1974 年)。

(55) 丸山良二「不良児童の調査」(『教育心理研究』、第 4 巻 4 号、1929 年)。

(56) 丸山良二『教育心理学』、建文館、(1933 年)。

(57) 丸山良二「問題の子供はどこに居るか」(財団法人日本少年保護協会『少年保護』、
1938 年 1 月号〜 5 月号)。

(58) 二村英巖「感化院家族舎の分化」(『感化教育』、19 号、1931 年)。

(59) 二村英巖「保護少年の知能と学業成績及び血液型」(日本感化教育会『児童保護』、第 4
巻第 1 号、1934 年)。

(60) 尾瀬盛之助「愛知県下に於ける隣保館を巡りて」(京都府社会事業協会『社会時報』、
第 4 巻第 10 号、1934 年)。

(61) 加藤清之助「豊ケ岡可塑園の現状とわが抱負を語る」(日本少年保護協会『少年保護』、
3 月号、1938 年)。

(62) 上田眞津代「豊浦少年療養所を訪ねて」(日本少年保護協会『少年保護』、8 月号、1938 年)。

(63) 特殊教育研究連盟『精神遅滞児教育の実際』、牧書店、(1939 年)。

(64) 半田市立成岩小学校『学業不振児の科学的診断とその指導』(1953 年)。

(65) 川本宇之介『ろう言語教育新講』(1954 年)。

(66) 被災学生を守る会『伊勢湾台風』(1960 年)。

(67) 小林良夫『豊浦医療少年院誌』(1973 年)。

(68) 青山大作『名古屋市の社会福祉―終戦時を中心として―』(1953 年)。

(69) 吉田宏岳「児童福祉施設の発達 (愛知育児院史)」(中部社会事業短期大学人間関係研究所『中部社会事業』、第 3 号、pp.8 ～ 18、1956 年)。

(70) 吉川芳秋「司法保護の先覚者加藤清之助翁の追思碑」(名古屋郷土文化会『郷土文化』、第 21 巻第 2 号 (通巻 86 号)、pp.29 ～ 31、1966 年)。

(71) 有坂徳子「愛知県における保育施設の発達」(愛知県立女子大学、愛知県立女子短期大学児童福祉学会『児童福祉研究』、第 9 号、pp.3 ～ 14、1966 年)。

(72) 昭和 39 年度児童福祉実習グループ「愛知県の児童福祉施設の状況」(愛知県立女子大学、愛知県立女子短期大学児童福祉学会『児童福祉研究』、第 9 号、pp.15 ～ 33、1966 年)。

(73) 三上孝基、吉田宏岳「愛知県社会事業史研究 (その一)」(同朋大学同朋学会『同朋学報』、第 18・19 合併号、pp.182 ～ 229、1968 年)。

(74) 田中勝文「愛知の子守教育」(愛知県立大学『児童教育学科論集』、第 2 号、pp.42 ～ 49、1969 年)。

(75) 宇治谷義雄、近藤浩一郎、吉田宏岳「愛知県に於ける児童福祉施設の歴史―昭徳会発達の歴史を中心として―」(日本福祉大学研究所『年報』、第 2 号、1969 年)。

(76) 名古屋市立大学医学部神経精神医学教室『岸本鎌一教授、退職記念論文集』(1969 年)。

(77) 吉田宏岳、高司昌「愛知県社会事業史研究―とくに明治時代の歩みを中心として―」(同朋大学同朋学会『同朋大学論叢』、第 24・25 合併号、pp.368 ～ 397、1971 年)。

(78) 吉田宏岳、高司昌「愛知県社会事業史研究―とくに大正初期の歩みを中心として」(同朋大学同朋学会『同朋大学論叢』、第 26 号、pp.87 ～ 103、1972 年)。

(79) 高橋悦子「愛知県救済協会の設立過程について」(愛知県立大学『愛知県立大学十周年記念論集』、pp.295 ～ 311、1975 年)。

(80) 高橋悦子「愛知県児童保護史年表 I ―明治・大正期―」(愛知県立大学『児童教育学科論集』、第 9 号、pp.7 ～ 35、1976 年)。

(81) 竹内勇「昭和初期の愛知県の社会事業について」(同朋大学『同朋社会福祉』、第 4 号、pp.13 ～ 15、1976 年)。

(82) 三上孝基「愛知県社会事業史管見 (一)」(同朋大学『同朋社会福祉』、第 7 号、pp.65 ～ 81、1979 年)。

(83) 三上孝基「愛知県社会事業史管見 (二)」(同朋大学『同朋社会福祉』、第 8 号、pp.69 ～ 89、1980 年)。

(84) 高橋悦子「愛知県児童保護史研究 (3)―三河育児院について―」(愛知県立大学『児童教育学科論集』、第 13 号、pp.67 ～ 77、1980 年)。

第 7 章　名古屋・愛知における教育福祉史文献目録　127

(85) 永岡正己「愛知県社会事業協会と『共存』」(日本福祉大学『日本福祉大学研究所報』、第 14 号、pp.17 ～ 20、1980 年)。

(86) 精神薄弱問題史研究会『人物でつづる精神薄弱教育史』、日本文化科学社 (1980 年)。

(87) 三上孝基「愛知県社会福祉史管見 (後編)」(同朋大学『同朋社会福祉』、第 9 号、pp.47 ～ 67、1981 年)。

(88) 社会福祉調査研究会『戦前日本の社会事業調査』、勁草書房 (1983 年)。

(89) 中田照子「戦時体制下の女性労働と保育―名古屋市を中心として―」(名古屋市立女子短期大学『研究紀要』、第 35 号、pp.77 ～ 81、1985 年)。

(90) 遠藤由美「戦後日本養護問題史研究その 2―合宿教育所の設置過程―」(名古屋大学大学院教育学研究科教育学専攻『教育論叢』、第 30 号、pp.25 ～ 40、1987 年)。

(91) 田代国次郎、菊池正治『日本社会福祉人物史 (上)』、相川書房 (1989 年)。

(92) 長谷川眞人「愛知県における養護施設の歴史―学校併設養護施設の変遷を中心において―」(愛知県立大学『児童教育学科論集』、第 23 号、pp.59 ～ 69、1990 年)。

(93) 小川英彦「杉田直樹の『治療教育』の思想 (Ⅰ)」(精神薄弱問題史研究会『障害者問題史研究紀要』、第 33 号、pp.27 ～ 38、1990 年)。

(94) 浦崎源次「名古屋市における『障害児保育』の現状と課題」(名古屋市立保育短期大学『研究紀要』、第 29 号、pp.103 ～ 126、1990 年)。

(95) 小川英彦「大正期における『劣等児』特別学級の成立―名古屋市の『個別学級』の事例検討―」(日本福祉大学『研究紀要』、第 85 号 (第 1 分冊～福祉領域)、pp.183 ～ 215、1991 年)。

(96) 小川英彦「愛知県における児童問題史研究―児童研究所の果たした役割を中心に―」(精神薄弱問題史研究会『障害者問題史研究紀要』、第 36 号、pp.35 ～ 44、1993 年)。

(97) 小川英彦「戦後における精神薄弱児学級の成立―名古屋市の旭白壁小・菊井中・幅下小の検討―」(日本発達障害学会『発達障害研究』、第 15 巻第 1 号、pp.63 ～ 76、1993 年)。

(98) 前田朋子「昭和初期名古屋聾学校における教員養成講習会―その講習内容と資格―」(日本特殊教育学会『特殊教育学研究』、第 34 第 2 号、pp.41 ～ 47、1996 年)。

(99) 川崎純夫、森島慧『知的障害者と共に生きた川崎昂の教育実践とその思想』、野間教育研究所 (1997 年)。

(100) 川崎純夫、星野政明「川崎昂の教育実践と教育思想の研究 (その 1)」(日本社会福祉学会第 46 回全国大会『研究報告概要集』、p.242、1998 年)。

(101) 小川英彦「愛知県における知的障害問題の成立に関する研究」(社会事業史学会『社会事業史研究』、pp.131 ～ 141、1998 年)。

(102) 山崎由可里「杉田直樹の名古屋医科大学教授就任」(『名古屋大学史紀要』、第 6 号、pp.43 ～ 66、1998 年)。

(103) 山崎由可里「八事少年寮開設に至る杉田直樹の治療教育思想」(日本特殊教育学会『特

殊教育学研究』、第 37 巻第 1 号、pp.11 ～ 20、1999 年)。

(104) 長谷川眞人『児童養護施設の子どもたちはいま』、三学出版 (2000 年)。

(105) 宍戸健夫、愛知県保育問題研究会史編集委員会『あしたの子ども―愛知の保育問題研究会の歩み―』、新読者社 (2002 年)。

(106) 清原みさ子、豊田和子、原友美、井深淳子『戦後保育の実際―昭和 30 年代はじめまでの名古屋市の幼稚園・保育所―』、新読書社 (2003 年)。

(107) 後藤陽夫「愛知県立精神病院初代院長児玉昌博士の生涯と業績」(精神医学史学会『精神医学史研究』、VOL.9 ～ 2、pp.95 ～ 108、2005 年)。

(108) 西山茂、秦安雄、宇治谷義雄『福祉を築く―鈴木修学の信仰と福祉―』、中央法規 (2005 年)。神医学史研究』、VOL.9 ～ 2、pp.95 ～ 108、2005 年)。

第8章
名古屋・愛知における障害児・養護児教育福祉年表
　－　1945年から1959年までを対象に　－

第1節　年表作成の意義

　文部科学省は、それまでの特殊教育を変更し2007年4月より特別支援教育をスタートさせた。それに連動して、翌年には幼稚園教育要領と保育所保育指針が同時に告示された。この特別支援教育の理念は、①発達障害にまで対象を拡大する。②各ライフステージに渡って支援する。③推進のため各機関の連携を図る。などがある。

　これらの変更からは、幼児教育で「気になる子ども」と扱われるように今日の障害児の問題が、限られた特定の階層、分野にみられるというよりは、広く分布するように変化してきていることを読み取れる。と同時に、政治、社会、文化、教育、福祉などの構造的な関連の中で生み出されているように思われる。

　さらに、児童養護問題は虐待件数の急激な増加にみられるように、今日的には非常に緊急性のある問題となっている。そして、この児童養護問題は、「子どもの貧困」と密接な関係をもって生じてきていること、発達障害との関連があることなどが指摘されている。

　そこで、本年表は、名古屋・愛知という地域に限定するものの、教育と福祉の両分野において、どのような事象があったのかを整理してみる。すべての事象を網羅することは紙面上不可能なので、筆者がポイントであると判断した出来事を選択した。なお、今回の調査時期については、戦後期の中でも1945(昭和20)年から1959(昭和34)年までとした。それは、1960(昭和35)年9月に当時の池田内閣により、高度成長・所得倍増等経済新政策が発表されたためである。高度経済成長期には、たとえば親のいない子から親のいる子への変化など、新たな児童養護問題が発生している時期、質的な児童問題の変化に相当するから、ここを時期区分に考えてみた。

第8章　名古屋・愛知における障害児・養護児教育福祉年表　131

　この作成を通して、名古屋・愛知における①障害児・養護児問題の今日までの歴史を整理できる。②障害児・養護児問題の解決に尽力した機関(学校、施設、行政等)、大会が明確化できる。③教育と福祉の両行政の制度と内容の必要性を強調できると考えている。

　なお、本章では、障害児は特別支援学級・特別支援学校、知的障害児施設に、養護児は児童養護施設にいる子どもたちを指すことを念頭に置いている。

　そして、全国の動きとして、子どもに関する教育と福祉、障害児をめぐる重大な出来事を掲げておいた。

第2節　年表

年(西暦)	障害児・養護児教育	障害児・養護児福祉	全国の動き
1945年		名古屋戦災孤児援護会の設立 名古屋市水上児童寮の再開 名古屋市新富町、則武町、直来町の各保育所の再開 名古屋市健民局を厚生局に改称 名古屋市豊川母子寮の設置 名古屋市中央、東勤労館保育部の再開 三河地震での被災児童	太平洋戦争終了 特殊学級はほとんど閉鎖 厚生省に社会局設置 戦災孤児等保護対策要綱の実施 ＧＨＱによる社会福祉体制
1946年		名古屋市本宿、横須賀各郊外学園の設立 愛知県民生委員連盟、名古屋市民生委員連盟に改称 名古屋市若松寮の設立 名古屋市保母養成所の設立 名古屋戦争孤児救護会の設立	日本国憲法の公布 大和田小学校に特殊学級の開設(東京) 生活保護法の公布 ララ物資救済の開始 民生委員法の公布 近江学園の開設(糸賀一雄) 厚生省社会局に援護課、児童課の設置
1947年		愛知県第一回共同募金運動の実施 名古屋市保育園規則の公布 愛知県立愛知少年教護院に鹿子寮の併設	児童福祉法の公布 ヘレンケラー女史の来日 全国孤児一斉調査 教育基本法、学校教育法の公布 学習指導要領の発行 品川区立大崎中学校分教場に特殊学級 文部省初等教育課に特殊教育視学官が置かれる(三木安正) 厚生省に児童局の新設 第一回全国児童福祉大会の開催(東京)

1948年	愛知県教育委員会の発足 八事少年寮が昭徳会の経営に移される 旭白壁小学校の福祉教室の開級 (桑原博担任)	県の中央、豊橋、岡崎、一宮に児童相談所の設立 金城六華園の養護施設への変更 衆善会乳児院の設立 保母講習会の開催 名古屋市が里親制度の実施 名古屋市厚生局を保健福祉局と改称	児童福祉法施行令及び同施行規則の公布 児童福祉施設の最低基準の施行 民生委員が児童委員を兼務 盲聾唖児童の義務教育を規定 文部省の特殊教育講習会の開催 厚生省が母子手帳の配布開始 優生保護法の公布 少年法、少年院法の公布
1949年	菊井中学校の福祉学級の開級 (川崎昂担任)	蒲生会大和荘の設立 光輝寮の設立 豊橋平安寮の設立 愛知県社会事業団の設立 慈友学園の養護施設への変更 名古屋市武豊学童保養園を保健福祉局に移管	特殊教育研究連盟の結成『精神遅滞児の教育』の刊行 日本精神薄弱者愛護協会の再建 ＧＨＱによる厚生行政の６原則の提示 身体障害者福祉法の公布
1950年	名古屋市の小学校で完全給食の開始	愛知県社会福祉協議会の設立 愛知県社会福祉協議会の設立 第一回名古屋市民生委員、児童委員大会の開催 名古屋市各区に社会福祉事務所の設置	ＣＩＥ、文部による特殊教育研究集会の開催 第二次米国教育使節団の来日、報告書 全国精神薄弱児施設長会議の開催 落穂寮が近江学園より分離 精神衛生法の公布
1951年		豊橋若草育成園の設立 機関紙『愛知の福祉』の発行 第一回愛知県社会福祉事業大会の開催 歳末たすけあい運動の実施 名古屋市社会福祉協議会の設立 名古屋市保護施設設置条例の公布施行	日教組第１次教研大会で特殊教育の分科会の設置 児童憲章の制定 社会事業法の公布 ホスピタリズム論争
1952年	市町村教育委員会の発足 幅下小学校のゆり組の開級 (斎藤キク担任)	名古屋市乳児院の設置 名古屋市共同作業所の設置 名古屋市「長欠児童をなくす運動」の第一回打合会の開催	第一回全国特殊学級研究協議会の開催(下関) 東京墨田区で特殊学級の設置計画が始まる 文部省初等中等教育局に特殊教育室の設置 義務教育費国庫負担法の公布 第一回全国保育事業大会の開催(島根) 精神薄弱児育成会の結成大会 日本子供を守る会の設立 信楽寮が近江学園より分離
1953年	愛知県長久手小学校に特殊学級の開設	岡崎平和学園の設立 八楽児童寮の設立 一宮市立仲好寮の設立 衆善会幼児部の開設 明徳少女苑の開設	青鳥中学校の校外実習開始 文部省次官通達「教育上特別な取扱いを要する児童生徒の判別基準について」 文部省の全国精神薄弱児実態調査の実施 精神薄弱児対策基本要綱の決定 全国児童福祉大会の開催(愛知) あざみ寮、日向弘済学園の開設

第8章　名古屋・愛知における障害児・養護児教育福祉年表　133

1954 年	八事少年寮内に特殊学級が附設（八事小学校、川名中学校の分教場） 愛知県特殊教育研究会の発足（守山東中学校） 中部日本特殊教育研究集会（幅下小学校） 名古屋手をつなぐ親の会の結成	知多学園八波寮の設立 溢愛館の設立 名古屋市保育所保母現任訓練講習会の開催 名古屋市報徳母子寮の設置	文部省の特殊学級教員養成講習会の開催 中教審「養護学校義務制に関する財政措置について」答申 厚生省が養護施設運営要領を作成 精神薄弱児施設運営要領の作成 保育所入所の措置費の全国画一の徴収基準 学校給食法の公布施行 青少年保護育成運動の開始
1955 年	愛知県立青い鳥学園の設立 内山小学校、飯田小学校、松栄小学校、常磐小学校に特殊学級の開級 尾張・大志小学校、幡山中学校、三河・新川小学校に特殊学級の開級 県教委主催、特殊教育精薄部会研究集会の開催（飯田小学校） 愛知県特殊学級連絡研究会の発足、総会の開催（幅下小学校） 特殊教育研究発表会の開催（一宮・宮西小学校）	名古屋市千種母子寮の設置 名古屋市虚弱児対象のひばり荘の発足 愛知県立大幸母子寮の設置	第一回日本母親大会の開催 文部省、厚生省、労働省が不就学、長欠児童生徒対策要綱の発表
1956 年	名古屋市担任者会並びに総会の開催（守山東小学校） 公開授業、研究発表会（幅下小学校） 研究集録第一集の発行（飯田小学校） 東白壁小学校、橘小学校、白鳥小学校に特殊学級の開級 手をつなぐ親の会による施設、特殊学級の増設陳情 愛知県特殊学級連絡研究会の発足 県特殊教育研究集会（一宮・宮西小学校・田村一二の講演） 研究発表会（瀬戸・幡山中学校）	名古屋市児童相談所の設立 名古屋市児童福祉法施行細則の公布 名古屋市児童相談所条例の公布 名古屋市民生局に児童課の設置 名古屋市児童福祉審議会の設置	文部省初等特殊教育課の設置 公立養護学校整備特別措置法の公布 特殊教育指導者養成講座の開始 昭和30年度特殊教育（精薄）研究指定校の発表 子どもの日及び児童福祉週間運動の実施 共同募金10周年記念全国社会福祉事業大会の開催（東京）
1957 年	愛知県・名古屋市の合同研究会の開催（瑞穂小学校） 研究集録の第二集の発行（内山小学校） 山下清展協賛のための作品を出品（オリエンタル中村） 授業参観・研究会（松栄小学校） 授業参観・研究会（一宮・大志小学校） 実演授業・研究発表（碧南・新川小学校） 研究発表（幡山中学校） 名古屋市立みどり学園の開園（知的障害児通園施設）	養蓮学園の設立(1983年廃止) 子供を守る会の発足 名古屋市保育所規則の公布 名古屋市身体障害者福祉法施行細則の公布	盲学校、聾学校及び養護学校の幼稚部及び高等部における学校給食に関する法律の公布施行 青鳥養護学校の開設 精薄児特殊学級の実態調査 精神薄弱児通園施設の設置

1958年	総会で会則の一部変更（幅下小学校） 研究集録の第三集の発行（幅下小学校） このころより、名古屋市の特殊学級数の増加 県特殊教育研究集会（碧南・新川小学校と一宮・北部中学校） 授業参観と研究協議会（一宮・北部中学校） 近江学園、落穂寮、あざみ寮の見学	暁学園の設立	学校保健法の成立 学校教育法施行規則の一部改正 国立精神薄弱児施設の秩父学園の開設 重症心身障害児対策委員会の発足 国民健康保険法の公布 身体障害者雇用促進法の公布
1959年	総会で研究組織の変更（幅下小学校） 伊勢湾台風被害のため地区別研究活動の中止 特殊教育講習会の開催（文部省辻村泰男、白鳥小学校） 研究集録の第四集の発行（幅下小学校） 大阪府研究会の訪問参観（亀島小学校、菊井中学校） 名古屋市教育委員会主催で精神薄弱対策協議会の開催 実演授業・研究発表会（守山東中学校） 実演授業・研究発表会（西加茂・青木小学校）	伊勢湾台風で被災児童	学校保健法による知能検査の開始 中教審に「特殊教育の振興について」答申 文部省の精神薄弱教育講座の開催 精神薄弱問題懇談会の発足 児童権利宣言の採択 共同募金倍加運動の実施、歳末たすけあい運動の一元化

第3節　付記・参考文献

　今回の調査は名古屋・愛知を対象としたものだが、「特別なニーズのある子ども」を対象としようとする今日的な教育と福祉実践の動向からすると障害児と養護児に限定されており、もっと広範囲の児童問題がこの時期にもあったはずである。対象の時期区分の拡大（1960年以降）と併せて今後の研究課題としたい。

【教育関係の参考文献】
・小川英彦「戦後における精神薄弱児学級の成立―名古屋市の旭白壁小、菊井中、幅下小の検討―」（日本発達障害学会『発達障害研究』第15巻第1号、pp.63～76、1993年）。
・愛知県特殊教育研究協議会『愛知特殊教育10年のあゆみ』、1966年。

第8章　名古屋・愛知における障害児・養護児教育福祉年表　135

・愛知県特殊教育の歩み編集委員会『愛知県特殊教育の歩み』、1977年。

・荒川勇・大井清吉・中野善達『日本障害児教育史』、1976年。

・中村満紀男・荒川勇『障害児教育の歴史』、2003年。

　【福祉関係の参考文献】

・森田厎三郎・高橋悦子「戦後児童問題年表」(愛知県立大学『児童教育学科論集』、創刊号、pp.50 〜 87、1968年)。

・青山大作「名古屋市社会福祉年表」(『名古屋市の社会福祉』、pp.247 〜 275、1973年)。

・「第六章　年表」(愛知県社会福祉協議会『愛知の福祉—愛知県社会福祉協議会三十五年史—』、pp.720 〜 738、1987年)。

・長谷川眞人「愛知県における養護施設の歴史—学校併設養護施設の変遷を中心において—」、pp.59 〜 69、1990年)。

あとがき

　本書の障害児教育福祉の地域史研究を通して、考察させられた点は次のようであった。

　第一は、教育福祉では発達保障するための児童問題と教育との関連が討究される必要があると考えられる。本書で扱った教育福祉実践の基底には「貧困」問題が横たわっていることが導けた。さらに、障害児は心身に障害があるだけではなく、生活や教育の機会を逸することによって障害が拡大されていると理解できる。それは、まさしく教育と福祉の「権利の疎外」状態に置かれることを意味している。

　第二は、一人の障害児の生活は、時間・空間・仲間の三間に左右されると考えられる。その中での空間は生活圏であり、障害児が生活するためのある「地域」という一定の環境を意味する。障害児一人ひとりの生活者としての視点の重要さである。

　第三は、わが国の各地域で実施されてきた教育福祉実践を、丹念に資料を発掘していく中からこれからの新しい教育福祉の方向性が見出すことができると考えられる。この研究分野が確立し、教育と福祉の将来を見極めるようす、新しい発想が生まれてくると確信している。

　ところで、筆者が名古屋・愛知の資料を収集する調査を長年継続できたのは、その場その場でのあたたかいお力添えがあったからである。ここに感謝申し上げたい。

　そして、歴史研究へと道をひらいてくださった愛知教育大学大学院時代の恩師であった故田中勝文先生の厳しさと優しさの両面をもちあわせた教育観があったからである。

　加えて、歴史研究を学ぶ機会として、社会事業史学会『社会事業史研究』、精神薄弱問題史研究会『精神薄弱問題史研究紀要』改題『障害者

問題史研究紀要』、精神薄弱者施設史研究会『精神薄弱者施設史研究』、日本特殊教育学会の一般の分科会（歴史）、最近では愛知社会福祉史研究会があったことを附記しておきたい。

　末尾になったが、三学出版の故中桐信胤様には、拙著『障害児教育福祉の歴史－先駆的実践者の検証－』（２０１４．５刊行）、『障害児教育福祉史の記録－アーカイブスの活用へ－』（２０１６．１２刊行）ではたいへんお世話になった。さらに、今回３冊目を無事に世に送り出せたのは中桐和弥様の支えがあったからである。

　本書はささやかな地道な基礎研究ではあるが、教育と福祉の研究のいっそうの質的な高まりになっていくことを願っている。

２０１８年　　著者

初出一覧

本書を刊行するにあたって、以下に過去に発表した拠り所としている論文を記しておく。

第1章

「愛知の児童問題史研究の動向と課題」（日本特殊教育学会第32回大会、『発表論文集』、
pp.824 〜 825、1994年）。

第2章

「大正期における『劣等児』特別学級の成立－名古屋市の『個別学級』の事例検討－」
（日本福祉大学『研究紀要』、第85号・第1分冊〜福祉領域、pp.184 〜 215、1991年）。

第3章

「愛知県における児童問題史研究－児童研究所の果たした役割を中心に－」（精神薄弱問題
史研究会『障害者問題史研究紀要』、第36号、pp.35 〜 44、1993年）。

第4章

「愛知県児童研究所紀要にみられる障害児記録の整理」（愛知教育大学幼児教育講座『幼児
教育研究』、第19号、pp.19 〜 27、2017年）。

第5章

「戦後における精神薄弱児学級の成立－名古屋市の旭白壁小、菊井中、幅下小の検討－」
（日本発達障害学会『発達障害研究』、第15巻第1号、pp.63 〜 76、1993年）。

第6章

「愛知県における知的障害問題の成立に関する研究」（社会事業史学会『社会事業史研究』、
第26号、pp.131 〜 141、1998年）。

第7章

「愛知県における児童問題史文献目録」（愛知教育大学幼児教育講座『幼児教育研究』、
第15号、pp.9 〜 16、2010年）。

第8章

「資料　愛知県における障がい児・養護児教育福祉年表（I）－1945年から1959年を対象－」
（愛知教育大学幼児教育講座『幼児教育研究』、第17号、pp.65 〜 70、2013年）。

事項・人名索引

【あ】

愛知育児院　7 121

愛知教育　7 12 14 122

愛知県教育史　12

愛知県特殊教育の歩み　12 119

熱田風土記　12

愛知学園　43 117

愛知学園児童鑑別所　43

愛知県児童研究所　43 118

愛知県社会事業年報　45 115

愛知社会福祉史研究会　62

愛知県特殊教育研究会　67 83

旭白壁小　67

愛知県教育要覧　74

愛知県史　116

愛知の福祉　119

青山衝天　122

【い】

異常児教育三十年　11

伊東思恭　44

石川七五三二　49 53 118

一ノ組　117

伊勢湾台風　120

【う】

宇治谷義雄　3

上原専禄　iv

【お】

小川利夫　iii

【か】

学業不振児　32

感化の栞　43　117

感化法　44

覚王山日暹寺　45

環境的条件　56

画一的教育　57

川崎昂　76

加藤清之助　121

【き】

教育福祉史研究　2

喜田正春　17

教授　28

基礎学力　32

共存　47　122

教育効果の測定　61

菊井中　74

教科活動　88

教育課程の構造化　88

岸本鎌一　121

虐待　130

【く】

久保式　18 57

訓育　30

【こ】

古知野二葉保育園　7 121

個別学級　11 57 66

小林佐源治　17

国定教科書　56

個に応じた指導　59

児玉昌　116

子守教育　121

郊外学園　122

口話式聾教育　122

子どもの貧困　130

【さ】

佐々木鶴二　49 116

斎藤キク　84

【し】

障害児教育学研究会　2 67

新愛知新聞　7

白鳥小　13

清水寛　14

就学率　15

市内各町細民状態調査　16

人物史研究　52

視覚障害　59

児童福祉法　68

社会科作業単元　71

職業教育　81

昭徳会　121

宍戸健夫　123

【す】

菅原小　13

杉田直樹　66 116

杉田稔　67

鈴木修学　123

【せ】

精神薄弱問題史研究会　2

全国特殊教育状況　12

精神薄弱児の指導法　61

精神薄弱問題史概説　iii

生活指導単元　86

生活活動　88

精神遅滞児教育の実際　120

【た】

田中勝文　iii 4

高橋悦子　4 5

竹内勇　4

高橋智　10

大正新教育　10

橘小　13

大成小　13

ターマン式　18

武田公雄　67

田村一二　68

【ち】

地域史研究　iv 2 52 114

長期欠席児童　49

知能検査法　56

【つ】

津曲裕次　iii

【て】

低能児　10

【と】

豊ケ岡可塑園　6

戸崎敬子　10

東京市林町尋常小学校　17

留岡幸助　60

トライアウトスクール　68

東海北陸特殊教育研究集会　76

特別支援教育　130

【な】
永岡正己　5 62
名古屋新聞　7
楢崎浅太郎　14
名古屋市社会課　16
永田与三郎　17
名古屋教育史　52
名古屋てをつなぐ親たち　118

【に】
日本社会福祉学会　114
西尾幼稚園　7 121
日本特殊教育学会　66 114
西川吉之助　120

【は】
長谷川眞人　5
幅下小　82
反社会的　83
秦安雄　123
発達障害　130

【ひ】
貧困問題　16 90
貧民　25
貧困児　49
表現活動　81
非社会的　83

【ふ】
船方小　13
藤井力夫　42
不良児　57
富士川游　60
福祉教室　67

福祉学級　75
藤田貞男　117

【ほ】
堀要　69 118

【ま】
丸山良二　43 53 118

【み】
三上孝基　3 5 121
三河育児院　7 122
南押切小　13

【め】
名聾八十年史　119

【も】
問題児　82
森井清八　121

【や】
八事少年寮　43 66 89

【ゆ】
ゆり組　82

【よ】
吉田宏岳　3 4
吉川芳秋　3
養護　30
吉田久一　52

【ら】
ライフステージ　130

142

【れ】
劣等児　10
連携　130

【ろ】
聾口話教育　122

【わ】
脇田良吉　11
忘れられた子ら　68

小川英彦（おがわ　ひでひこ）

１９５７年名古屋市生まれ。愛知教育大学幼児教育講座教授。
名古屋市で１３年間知的障害児教育実践（特別支援学級と特別支援学校）。
その後短期大学を経て２００３年母校の愛教大の教壇に立つ。
２０１１年から２年任期で愛教大附属幼稚園園長兼任。
社会事業史学会、日本特殊教育学会、日本保育学会、ＳＮＥ学会、愛知社会福祉
史研究会などの会員。この間、名古屋市教育委員会『名古屋教育史』編集委員会
編さん助務者、愛知県教育・スポーツ振興財団研修講師、東海市特別支援児保育
所入所等審査委員、阿久比町教育委員会幼保小中教育一貫プロジェクト顧問、愛
知県保育実習連絡協議会会長などの社会的活動。名古屋市教育委員会・愛知県教
育委員会の委員、名古屋市・愛知県内の各市町（園）での障害児保育の研修講師
を継続。

歴史書の編共著
『障害者教育・福祉の先駆者たち』（麗澤大学出版会、2006 年）
『名古屋教育史Ⅰ　近代教育の成立と展開』（名古屋市教育委員会、2013 年）
『名古屋教育史Ⅱ　教育の拡充と変容』（名古屋市教育委員会、2014 年）
『障害児教育福祉の歴史−先駆的実践者の検証−』（三学出版、2014 年）
『名古屋教育史Ⅲ　名古屋の発展と新しい教育』（名古屋市教育委員会、2015 年）
『名古屋市教育史資料編　資料でたどる名古屋の教育』（名古屋市教育委員会、
　　2016 年）
『障害児教育福祉史の記録−アーカイブスの活用へ−』（三学出版、2016 年）

障害児教育福祉の地域史
── 名古屋・愛知を対象に ──

2018 年 8 月 1 日 初版印刷
2018 年 8 月 8 日 初版発行

　　　著　者　小川英彦
　　　発行者　中桐十糸子
　　　発行所　三学出版有限会社
　　　　　　　〒 520-2145　滋賀県大津市大将軍 1 丁目 10-3-112
　　　　　　　　　　　　　TEL 077-536-5403
　　　　　　　　　　　　　FAX 077-536-5404
　　　　　　　　　　　　　http://sangaku.or.tv

©OGAWA Hidehiko　　　　　　　　　　　モリモト印刷（株）印刷・製本